MEMORIES OF

CHINESE

CULTURAL LIFE

新中国 ★ 文化生活记忆

中央人民广播电台文艺之声 _____ 编著

主　　　编：魏胜利
副 主 编：尹亦诚　莫晓芳
编委会成员：王　葳　马宗武　董　彬　冯会玲　白杰戈　王　林
　　　　　　周　彬　王　菲　王　雪　霍树正　赵智晖　张　昊
　　　　　　肖　露　郭兴波　代丽娟　覃冬婧　董　浩　邵　华
　　　　　　伍　珂　魏　遥　郝伊人　谷　迪　王笑梅　赵倧博
　　　　　　吕　炜　于　丹

序

2019年，中华人民共和国成立70周年！

对于媒体而言，围绕70周年进行主题宣传报道是必不可少的工作内容。而让主题报道出新出彩，深入人心，则是我们媒体人这一段时间心心念念的事情。

文艺之声是中央广播电视总台央广综合性文艺频率，《大铭脱口秀》《海阳现场秀》《文艺大家谈》《快乐晚高峰》《品味书香》《李峙的不老歌》等都是北京听众耳熟能详的广播栏目。每逢重要时间节点，文艺之声都会推出富有文艺气息而又贴近生活的系列节目；秉承这一传统，在新中国成立70周年前夕，文艺之声推出了10集系列节目《新中国文化生活记忆》，本书就是在广播节目基础上加以丰富和完善形成的。

人们对于一座城市的记忆，总是和这座城市的建筑相关，特别是那些文化场馆，在上演一幕幕精彩演出、上映一部部优秀影片的同时，也在人们的脑海中留下了或激动、或温馨、或欢乐的恒久记忆。《新中国文化生活记忆》在反复论证的基础上，选择了国家图书馆、北海公园、长安大戏院、中山音乐堂、首都电影院、天桥剧场、首都剧场、北京展览馆、北京自然博物馆和工人体育馆等十家场馆作为报道的对象和切入点，透过这些场馆前世今生的变迁，串联起在这些场馆上演或展出的具有历史意义的经典作品，以小见大，以点带面，展示70年来新中国文化艺术领域所取得的巨大成就，展现人民群众文化生活的巨大变化。

对于文艺之声许多年轻的编辑、记者们来说，用1万字的笔墨来浓缩一个具有广泛影响力的文化场馆的发展历程，还要见人见事见真情，着实是一次极大的挑战，也是一次增强"四力"（脚力、眼力、脑力、笔力）的有益尝试。

从2019年3月到8月，文艺之声的编辑、记者们查阅资料、请教专家，一次次地实地走访，采访的当事人超过200人，录音、录像素材超过100小时。许多著名艺术家尽管年事已高，但是依然应邀接受采访，如话剧表演艺术家蓝天野、舞蹈家白淑湘、昆曲表演艺术家丛兆桓、京剧表演艺术家李玉芙与李韵秋、相声表演艺术家王文林等，讲述他们在这些文化场馆里鲜为人知的经历；当然，还有更多的中青年文化艺术工作者，如濮存昕、杨立新、谭利华、郭峰、宋飞、宋小川、王蓉蓉、胡文阁等等，他们讲述了自己和这些场馆的情缘。这些采访录音都收录在本书中，读者朋友扫一扫二维码，就可以听到他们的精彩对话——可读可听，这是本书的一大特点。

图文并茂，是本书的第二个特点。在采访过程中，编辑记者们从被采访单位的资料室、陈列馆里翻拍了很多历史文物的照片，很多嘉宾也提供了珍贵的资料图片，这些内容为本书增色不少。

故事以情感人，以共同的记忆唤醒情感的共鸣，这是本书的第三个特点。广播节目擅长以小见大，通过深入采访挖掘故事细节，从而吸引听众收听，本书也延续了这一特点。相信此书能够引起读者朋友的共鸣，增强人们对祖国的热爱、对文化的认同。

在本书策划、采访和写作过程中，国家图书馆、中央芭蕾舞团及天桥剧场、北京人民艺术剧院及首都剧场、北海公园、长安大戏院、中山音乐堂、首都电影院、北京展览馆、北京自然博物馆和工人体育馆等单位对文艺之声给予了大力支持，北京市社会科学院历史研究所专家对部分章节进行了审订，在此一并致谢。

赵薇

2019年9月

赵薇：中央广播电视总台文艺节目中心副召集人，原中央人民广播电台综艺节目中心副主任

目录

国家图书馆   6
气象万千的灵魂滋养地

北海公园   36
皇家御苑的新生

长安大戏院   68
京韵国粹的艺术殿堂

中山音乐堂   90
蝶舞花香乐飞扬

首都电影院   114
长安街畔的光影流年

天桥剧场   138
老天桥的新时代

首都剧场   160
中国话剧的最高殿堂

北京展览馆   188
"政治符号"转向"文化符号"

北京自然博物馆   208
大自然是最伟大的博物馆

工人体育馆   230
体育文化并蒂花开

国家图书馆

NATIONAL LIBRARY OF CHINA

气象万千的灵魂滋养地

本节撰稿： 马宗武　郝伊人

国家图书馆
扫一扫，随时听

阅读是一件有氛围的事儿

图书承载了厚重的气场

国家图书馆就是一个大磁场

吸引着全国各地爱好阅读的朋友

如今，几千人同处馆内

却鸦雀无声

在这亚洲最大的图书馆中

在这"馆中有园，园中有馆"的世外桃源中

时间为水，煮字当食

尽享素纸铅字的美好

回望 70 年

国家图书馆
NATIONAL LIBRARY
OF CHINA

新中国文化生活记忆

博尔赫斯说过:"如果有天堂,应该是图书馆的样子。"作为亚洲规模最大的"天堂"——中国国家图书馆,是一座才华与美貌并存、历史与荣耀同在的图书馆,梁启超、蔡元培、李四光,都曾在这里担任馆长或副馆长。

汪曾祺曾在午门仰望星空,觉得"全世界都是凉的,就我这里一点是热的"。雾失楼台,月迷津渡。人生诸多苦难,总要靠一点热气寻找方向。而这样的气息,无论是谁,都能在国家图书馆里寻到。

系出名门,身世辗转

国家图书馆兴建于1909年9月9日,当时,宣统皇帝御批兴建京师图书馆,馆舍暂时设在北京广化寺。因此,每年的9月9日是国家图书馆的建馆纪念日。可惜的是,未及开馆,清鼎已革,图书馆的筹备半途而废,直到民国政府成立,京师图书馆才继续筹备开馆。

1912年8月27日,京师图书馆在广化寺开馆。

· 国家图书馆古籍馆。古籍馆于1931年落成，建筑面积3万平方米，阅览座位183个，现有藏书180余万册件。

遗憾的是，广化寺馆舍狭隘潮湿，不宜存放图书，且地址偏僻不便阅览，于是1913年10月，京师图书馆闭馆。一直到1917年1月，坐落于原国子监南学旧址的京师图书馆新址才正式开馆接待读者。

1928年7月，国立京师图书馆更名为国立北平图书馆，新址定在中海居仁堂。1929年1月，国立北平图书馆在居仁堂开馆，同年8月，蔡元培任馆长。

1931年6月25日，庄重典雅的国立北平图书馆文津街馆舍开馆。文津街新馆在人才培养、馆藏建设、目录索引编纂、学术研究方面成就卓著，在国家图书馆发展的历史上写下了辉煌的一页。

正当国立北平图书馆蓬勃发展的时候，日本侵略者的铁蹄践踏祖国山河。"九·一八"事变后，华北局势日趋危急，为国家珍贵典籍免遭不测，国立北平图书馆奉命将善本古籍装箱南运，并开始了艰辛曲折的馆务播迁。在抗战八年的艰苦岁月中，国立北平图书馆馆务中心南移，在上海、长沙、昆明、香港、重庆设立办事处。1939年4月，昆明办事处升格为国立北平图书馆本部。

1949年1月，北平和平解放，国立北平图书馆迎来新生。中华人民共和国成立后，北平图书馆更名为北京图书馆。

1987年10月6日，北京图书馆白石桥新馆，也就是现在的国家图书馆总馆南区建成。从此，国家图书馆进入一个新的历史时期。

历经百余年历史，国家图书馆先后由京师图书馆更名为国立京师图书馆、国立北平图书馆、国立北京图书馆、北京图书馆等，现名国家图书馆，有白石桥和文津街两地三处馆舍，总建筑面积28万平方米，是世界第三大图书馆，亚洲第一大图书馆。

汉唐风范，端庄典雅

当下，国家图书馆三处馆舍中，最令人瞩目的就是1987年10月15日正式向社会开放的国家图书馆总馆南区。这座宏伟的建筑汲取中国庭院的设计手法，秉承汉唐建筑艺术的传统，高低错落、组合有致。它"头戴"孔雀蓝琉璃瓦大屋顶，"身着"淡灰色瓷砖外墙，"脚踏"花岗岩基座石阶，"手扶"汉白玉栏杆，端庄典雅，"园中有馆，馆中有园"。它是20世纪"北京80年代十大建筑"之首，它荣获1990年国家优秀工程设计金奖，它是"新中国成立60周年百项重大经典建筑工程"第二位，位居天安门建筑群之后。

走进国家图书馆总馆北区，如同踏入一场唯美的梦境，庄严而静谧的气场扑面而来。坐电梯到顶层，可以俯瞰整个阅览大厅。大厅采取开放式的空间设计，阅览中庭的阅读平台呈正方形盘旋而下，一共三层，总长570米，古色古香的木质桌子和软座椅子为人们提供舒适的阅读环境。四面都是书墙，南北两边各开三扇玻璃门。从环绕的平台向下望，可以看到这座建筑的底部，在透过玻璃屋顶的光线照耀下，仿佛一个古老而硕大的"藏宝盒"。

真心爱怜，熠熠生辉

若在中午进馆，在十一二点太阳正烈的时候，头顶一定会响起轻微"嗡嗡——"的类似机器发动的声音，那是玻璃屋顶上数十块遮阳板正在运作。这些遮阳板会根据光照强度遮盖住相应大小的区域，给读者舒适凉爽的感受。大厅里还有一排饮水机，小巧便捷的饮水袋有着非常人性化的设

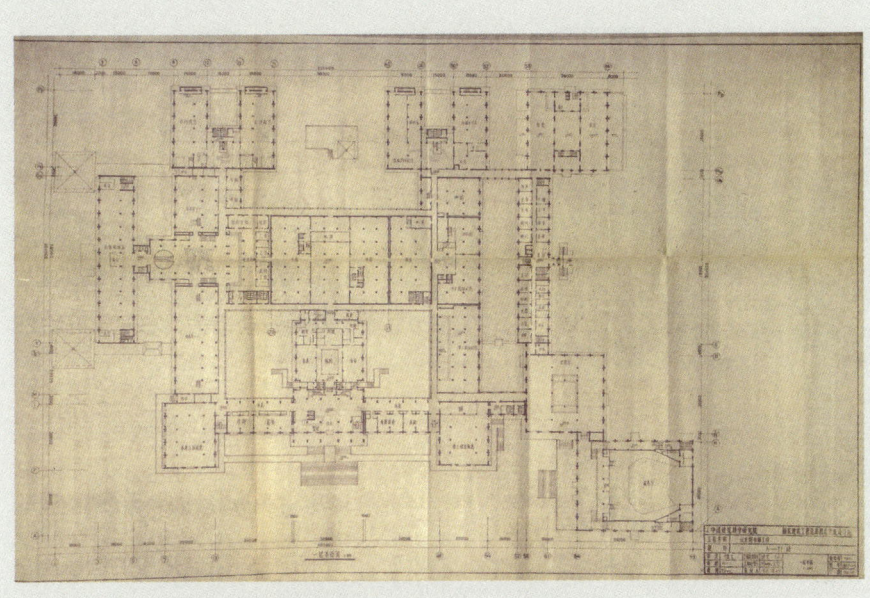

·白石桥国家图书馆总馆南区设计平面图

·大门外石狮来自长春园大宫门；主楼前石狮购于王府

·2013年1月30日,"年画中的记忆——国家图书馆藏年画精品暨国家级非物质文化遗产年画项目代表性传承人作品展"正式开展

·白石桥国家图书馆总馆南区综合阅览室

·文津街馆区设计图(设计师为莫律兰 V.Leth-moller)

计。"知君怜用真心"，坐在这巨大的"藏宝盒"里，与这个国家最富饶的书山书海相伴，被这样"宠爱"，灵魂在茂密的学识文化森林里激鸣，想象的翅膀一次次在知识的山脊之上俯瞰，无论是谁，都会感到阅读的幸福和温馨，还有信息的广袤和磅礴。

让国家图书馆熠熠生辉的，不仅是古色古香的外形，还有四大"镇馆之宝"：《赵城金藏》《敦煌遗书》《永乐大典》和文津阁《四库全书》；不仅有宏富的馆藏，名家的手稿，还有虚拟参考、文献传递，以及为残疾人提供的盲文图书等。除了书籍，这里还有各种展览、参观、讲座等公益活动，"国家珍贵古籍特展""甲骨文记忆展""从莎士比亚到福尔摩斯：大英图书馆的珍宝""青少年中华优秀传统文化教育基地"等，都是极具魅力的文化活动。国家图书馆承载了中国人的历史荣誉和文化成就，作为人文精神的重要文化地标，为全国人民生活提供了丰富的精神食粮，在新中国图书馆发展史上发挥了不可替代的作用。365天，我们每天都可以走进国家图书馆，领略文字的力量，感受中国悠久厚重的文化气息。

有一种气场叫国家图书馆

如今的国家图书馆，是国内历史最为悠久的文化机构之一，职能丰富，有国家古籍保护中心、国家典籍博物馆、国家文献信息资源总库、国家书目中心、全国图书馆信息网络中心和全国图书馆发展研究中心等机制。

党的十八大以来，国家图书馆坚持以习近平新时代中国特色社会主义思想为统领，深入学习习近平总书记关于传承弘扬中华优秀传统文化系列重要讲话精神，始终把握正确发展方向，将图书馆事业发展置于党和国家的重大战略全局中部署，不断推动国家图书馆向着"国内最好、世界领先"的图书馆发展目标奋进。

百年传承，卓越呈现

百余年来，国家图书馆秉承"传承文明、服务社会"的宗旨，为传承和弘扬中华民族优秀传统文化、传播现代文明成果，促进知识创新、推动社会进步，满足人民群众精神文化需求、提高公民科学文化素质作出了积极贡献。

国家图书馆南区"文津厅"因收藏文津阁的《四库全书》而得名。洁白的汉白玉八角柱，撑起了9.6米高的屋顶，顶棚上吊装着240盏灯。当灯光辉照时，贵妃红花岗石地面上出现了点点繁星，身旁12个花台上点缀着花卉绿叶。墙壁上的大型紫砂陶壁雕，展现了盘古开天地、孔子讲学、孙子演阵、屈子行吟、司马迁修史、唐代乐舞……绵绵不断的中华民族五千年文明浓缩于此。人们在安静、典雅的氛围中，感受到了文化之河在书海中融合、流淌。

国家图书馆的善本阅览室里，硬木雕刻的仿明式桌、椅，书柜中陈列的卷卷善本特藏，向读者展示着历史的风貌。而在一墙之隔、一步之遥的地方，那20台缩微阅览器，已装入这26万册善本馆藏的大半，那可以随时阅览的缩微胶片，宛如时光穿梭机一般，引领着读者穿越那神秘的曾经，抵达那遥远的古代。

在国家图书馆总馆南区，主要功能为文献采编加工、自动化和网络化保障服务系统运维、保存和基藏本图书保管与服务、专题阅览咨询服务、善本保存与服务、展览展示服务等。运行在出纳厅和书库之间的自动文献传送系统，方便而快捷地为读者带来所需的图书；国家数字图书馆的推广，为国家图书馆插上了飞翔的翅膀，飞入遥远的军营，飞入寻常百姓家……

文明荟萃，引领中华

我国是世界上最早建立图书馆的国家之一，当世界跨入数据时代，书籍成了发展现实生产力的智力资源时，国家图书馆华丽转身，成为像喷泉一样，传播各种信息、传递科学情报、普及教育、开发智力的文化源泉。

这里是文明荟萃之地，国家图书馆作为国家总书库，藏书基础可远溯到700多年前的南宋时期，经历代沿革，现有藏书囊括古今中外，已逾3768万册，形成了独具中国特色的藏书体系。

新中国成立后，国家图书馆逐步确立了"中文求全，外文求精"的文献采选原则，全面入藏国内正式出版物，有选择地入藏重要外文文献。经过历代国图人的努力，目前馆藏文献涵盖纸质文献、缩微文献、音像制品、数字资源等类型，覆盖123种文字。近些年，还将网络资源、口述历史等新型文献信息纳入国家总书库收藏范围。国家文献信息资源总库建设不断取得突破。比如国

·国家图书馆总馆南区

·国家图书馆总馆北区

家图书馆近两年入藏的《佛说观弥勒菩萨上生经》，是世界上现存有明确纪年的第二早的雕版印刷典籍，在世界印刷史上堪称标志性例证。

身披荣耀，肩负重任

国家图书馆策划提出的"国家文献战略储备库"建设项目，2015年经国务院批准立项，列入了国家"十三五"规划纲要和"中华优秀传统文化传承发展工程"。

国家图书馆启动的海外中华古籍调查暨数字化合作项目，先后促成法国国家图书馆藏《圆明园四十景图》以及英国牛津大学博德利图书馆藏19册《永乐大典》等珍贵典籍的数字化回归。

国家图书馆在构建现代公共文化服务体系中的作用日益凸显。自1999年起，国家图书馆逐步实现面向社会大众的免费服务，每周开馆时间达76小时。仅2018年，就接待到馆读者545万余人次，日均到馆近1万余人次，举办公益性展览、讲座、培训、演出2400余场次，开馆时间之长、服务范围之广、接待读者人数之多，在世界国家级图书馆中十分罕见。

国家图书馆还培育了"文津图书奖""国图公开课""国图讲坛"等一系列具有广泛社会影响、深受群众喜爱的公共文化服务品牌。升级少年儿童图书馆，建立国图视听服务中心，在推动、引导、服务全民阅读方面发挥了重要引领和带动作用。

国家图书馆还利用微博、微信等新媒体技术手段，将资源和服务推送到用户身边，成为社会公众如影随形的知识伴侣。

2001年，国家图书馆启动国家数字图书馆工程，在数字图书馆技术研发、数字资源建设、数字化服务、标准规范建设等领域形成了丰硕成果。2011年，实施数字图书馆推广工程，通过互联网、移动通信网、广播电视网、数字图书馆专网等多种渠道，已覆盖全国41家省级图书馆、485家地市级图书馆，服务辐射2700多个县级图书馆，建设移动阅读平台全国分站401家；举办网络书香系列阅读推广活动，服务人次超5000万，逐步形成覆盖全国的数字图书馆服务体系，为公共数字文化融合奠定了坚实基础。

・国家数字图书馆体验区

・国家图书馆总馆北区数字共享空间

见证70年

国家图书馆
NATIONAL LIBRARY
OF CHINA

新中国文化生活记忆

国图承载的，不仅仅是书的力量

见证人：饶权

国家图书馆馆长

记者：近些年来，国家图书馆事业发展取得了哪些重要成就？

饶权：今年是国家图书馆建馆110周年。百余年来，国家图书馆积极引领和推动中国近现代图书馆事业发展，完成了从传统型图书馆向复合型现代图书馆转变，见证了中华民族的复兴。特别是党的十八大以来，在文化和旅游部党组的领导下，国家图书馆以"国内最好、世界领先"为发展目标努力奋斗，取得了一系列举世瞩目的成绩。

一是大力开展国家文献信息资源总库建设。国家图书馆是目前世界上收藏中文文献最多的图书馆，也是国内外文文献最大藏家。馆藏实体文献近4000万册件，数字资源超过2000TB。这些宏富资源为国家图书馆启迪民智、服务社会奠定了坚实基础。2015年，经国务院批准，正式立项建设国家文献战略储备库，该项目被列入国家"十三五"规划纲要和"中华优秀传统文化传承发展工程"。工程建成后，将实现国家重要文献异地备份储藏和数字资源异地灾备存储的战略功能。

二是构建现代公共文化服务体系的作用凸显。从1912年首次开放时的读者寥寥，到如今日均接待1万余人次；从仅提供到馆阅览，到如今通过手机或网络直接查阅下载数字资源，国家图书馆把大门打开、将资源共享，已经成为推动、引导、服务全民阅读的主阵地。依托国

· 20世纪年代京师图书馆的期刊阅览室

家数字图书馆及推广工程建设，一个覆盖全国41家省级图书馆、485家地市级图书馆，服务辐射2700多个县级图书馆的现代公共图书馆服务体系逐步建立，真正将资源和服务推送到各地群众身边。我们还积极培育"文津图书奖""国图讲坛""国图公开课"等服务品牌，其中，"国图公开课"的1500部学习视频被"学习强国"学习平台吸纳，为全国党员互联网学习提供了重要保障，也成为社会公众如影随形的知识伴侣。

三是国家立法和决策服务能力不断提升。新中国成立初期，国家图书馆就为党和国家领导机关提供立法决策咨询服务。从为我国第一颗原子弹的研制编制技术情报资料到为全军和武警部队正式换装提供文献参考；从为汶川地震灾后重建提供信息支持到为钓鱼岛是中国固有领土提供史料佐证，一代代国图人依托馆藏文献资源，深度挖掘、精心整理，发挥着重要的参谋智囊作用。随着国家立法科学化、民主化的不断深入，我们不断开拓创新，连续21年服务全国两会，成为代表和委员参政议政的得力助手；建立17家部委分馆，为中央国家机关提供文献支撑保障；承办"部级领导干部历史文化讲座"200余场；拓宽了领导干部眼界、开拓了思维，为提升领导干部治国理政水平发挥了积极作用，得到各级领导高度评价。

四是成为传承弘扬中华优秀传统文化的重要力量。2014年，国家典籍博物馆对外开放，先

· 1931年建成不久的国立北平图书馆馆舍。这是国家图书馆第一个专属馆舍,位于以馆藏文献文津阁《四库全书》命名的北海公园西侧的文津街

后办展100余场、参观人次超过100万,被评为"青少年中华优秀传统文化教育基地",成为我国图书馆与博物馆融合发展的典范。在这里,我们能够近距离地感受典籍穿越时空的恒久魅力,将典籍中的历史智慧服务当代、服务社会。近些年,我们先后组织实施中华古籍保护计划、民国时期文献保护计划、《中华传统文化百部经典》编纂项目等国家重点文化工程,为凝聚社会力量,推动中华优秀典籍的保护与利用发挥着重要作用。其中,《百部经典》已经出版20部,该书凝聚了500余位顶尖专家学者的智慧,是新时代涵育大众传统文化素养、增强文化自觉和文化自信的重要举措。

记者:今后,国家图书馆将有哪些举措?

饶权:中国国家图书馆已经与世界52个国家图书馆建立人员交流与合作关系,与117个国家和地区的552家机构开展出版物交换合作,同时通过举办国际重大学术会议,对外交流展览,开展重大国际合作项目,发出中国声音,提出中国方案,弘扬传播中华文化,提升我国图书馆界国际地位和影响力。

未来,我们将进一步深入贯彻落实党的十九大精神,坚持以习近平新时代中国特色社会主义思想为指导,不忘初心,牢记使命,以坚定的文化自信,开拓前行,为满足新时代人民群众日益增长的美好生活需要,建设社会主义文化强国作出新的更大贡献。

见证国图，见证成就

见证人：庄建

光明日报资深记者

记者： 您和国图的渊源是从什么时候开始的？

庄建： 我做了30多年记者，1987年和国图结缘。那时，国图新馆在白石桥畔落成，我去专访。当时看到国图新馆，也就是现在的总馆南区，特别骄傲。我在报道里，把它的建筑特色和功能都做了详细的介绍。我当时最惊叹的，就是它几乎完全都是阅览室，采光非常好，白天不用照明，而且所有的书架都是开放的，读者置身其中，可以随时取用自己需要的图书。

2008年国图总馆北区建成，也就是国家数字图书馆建成。数字图书馆和总馆南区相比，在建筑外形、服务功能、技术手段方面，都有了非常大的飞跃。如今，国家数字图书馆的网络已经延伸到全国各个地方。

记者： 在对国图的采访中，有什么事让您印象最深刻？

庄建： 有一次，我随国家图书馆的工作人员一起到新疆，当时国家图书馆的数字图书馆已经面向新疆50多个县开放。我们还到了黑龙江漠河的军营里，当时国家数字图书馆的触角也已经深入到军营中，战士们可以阅读到当天全国各地的报纸，记得当时有一位战士，非常兴奋地说，他不仅能看到当天的《解放军报》，还能看到他家乡河南的《河南日报》。

我采访国家图书馆时，还听到一个故事。2003年10月20日，温家宝总理在美国哈佛大学商学院做了题为《把目光投向中国》的演讲，他在演讲中不断提到中国古代思想家提出的哲学观点"和而不同"，以此说明世界的多元与和谐。

当时,"和而不同"成为报刊标题中出现频率很高的字眼,面对现场记者对自己演讲中引经据典、学识渊博的评价,温总理回答:"我身后有个国家图书馆。"原来温总理演讲中有关"和而不同"的相关典籍资料,悉数由国家图书馆筹备,而国家图书馆在2013年,也正式成立了国家图书馆国情咨询顾问委员会。事实上,国家图书馆一直在履行这样的职责,早在国家图书馆被称为北京图书馆时,就经常为毛泽东、周恩来等领导人提供文献服务。当年,北京图书馆换发新的借书证时,出于对毛泽东的敬重,把他的借书证编为第一号。

2011年公共图书馆免费向公众开放时,我采访了国家图书馆副馆长陈立,他给我讲了一个故事,我印象特别深刻。他告诉我,在云南腾冲有一个和顺乡,那里有一个图书馆,是中国最大的乡间图书馆。和顺乡是哲学家艾思奇的家乡,和顺图书馆在培育人才上发挥了特别重大的作用。在和顺,一个普通的放牛娃,白天可以把牛赶到山坡上吃草,然后自己跑到和顺图书馆去看书、听讲课。所以作为国家图书馆的工作人员,陈立和他的同事们一直有一个理想,那就是要把国家图书馆,建成像和顺乡那样开放在广大群众中的图书馆,让群众随时随地都可以到图书馆里来学习知识、感受文化。

🔍 记者:您还见证过哪些国图的重要时刻?

💬 庄建:2012年,国家图书馆挂牌成立国家典籍博物馆,国家图书馆同时成为国家典籍博物馆,位于国家图书馆总馆南区。2014年9月9日,国家图书馆105岁生日当天国家典籍博物馆正式开放。这是我国首家典籍博物馆,为国家图书馆增加了一种全新的图书典籍阅览形式。国家典籍博物馆开馆当天,还举办了国家图书馆馆藏精品大展,汇聚了800余件难得一见的典籍国宝。每件国宝背后,都有一个颇为传奇的故事,读者可以通过参观博物馆,看到我国五千年文明历程中的文化瑰宝。

🔍 记者:请您用一句话总结国图带给您的感受?

💬 庄建:我对国家图书馆的情感,就像对一位德高望重的老人,敬重、钦佩,我见证了它的成就,也为它感到骄傲。

·2011年5月26日,数字图书馆推广工程正式启动

荣誉与重任并存

见证人：马涛

国家图书馆馆史资料征集与研究室主任

记者：您是哪年开始在国图工作的？当时对国图是什么印象？

马涛：我是1991年到国家图书馆工作的，那时刚刚走出校园，在大学期间，我就在国家图书馆看了整整两年书，课余大部分时间都泡在图书馆里，所以到这里来工作，也是兴趣所致。

可进入国家图书馆，我才发现，原来在图书馆工作，并不是读者想象的那么简单，读者能够看到的，不过是为数不多的一些阅览室的管理员，而大部分工作人员，都是幕后服务者。仅就采编部门来说，就需要很多人力，将入馆的每本图书期刊做记到、著录、分类加工、有序上架。有的主要报刊还要做缩微拍照，音视频资料需要制式转化。至于古籍善本和民国时期报刊，还有古籍修复与文献脱酸等保护工作。

到后来又有了实体文献的数字化转化、数字资源采集与整合、数字远程服务等工作。直到真正成为国家图书馆的工作人员，我才意识到，原来有这么多人在为到馆读者和世界各地的读者服务。

记者：您进馆后体会国图的总体发展是怎样的？

马涛：我到国家图书馆工作近30年以来，感受到国图的发展变化还是惊人的，主要有以下几个阶段。首先国家图书馆总馆南区的建成开馆，不仅是国家图书馆有了一座世界级的馆舍，也是中国图书馆事业走向现代化的重要里程碑。它是周恩来总理亲自批示，由国家建委邀请国内顶级设计单位共同规划，在杨廷宝先生的总体方案基础上，经杨廷宝、戴念慈、张镈、吴良镛、黄远强等五位大师共同完善形成

· 1979年2月，书目文献出版社成立。这是第一个图书馆专业出版社

的"五老方案"后，又做优化而最终完成的。有了一流的馆舍和先进的设备设施，还需要有先进的理念和一流的管理。虽然刘季平和任继愈两任馆长在新馆筹建和开馆前后就有了清醒的认识，但新馆开放后的几年还是处于探索中，也有过迷茫。直至1996年才逐渐清晰了发展方向并进行了一系列大胆的改革。重拾为中央和国家领导机关提供参考咨询服务的重要职能，依托宏富馆藏和参考研究队伍的实力，直接服务于全国"两会"和代表委员。与国家部委合作建设国家图书馆部委分馆。在公众服务方面实施全年每周7天全天候开馆，降低进馆和外借图书门槛。加强展览、讲座、培训等社会教育职能。2005年后为了推动全民阅读，国家图书馆推出了"文津图书奖"的评选，目的就是为大众推荐好书，至今已经组织了14届的评选。

2008年总馆北区落成暨国家数字图书馆初步建成，开启了国家图书馆数字化时代。也真正让国家图书馆成了一所没有围墙的社会大学堂。全国有网络和有线电视的地方，甚至边防哨卡都有国家图书馆提供的数字资源与服务。

🎤 记者：请您谈谈作为一位国图的工作人员的感受。

💬 马涛："图书馆是一个不断生长着的有机体"。随着对国家图书馆工作的深入了解，逐渐认识到：图书馆事业的初心，即保存人类记忆并通过移情而传承优秀文明的根本职能并没有变。因而也就越来越感受到作为国家图书馆的工作人员的荣誉感，也体会到历史使命感的重量。"传承文明　服务社会"是国家图书馆的宗旨。

纸寿千年，
诗传万代

见证人：李志忠

国家图书馆古籍保护专家

记者： 李老师，您给我们讲讲古籍善本部具体是做什么？

李志忠： 就是具体做善本书的编目。从图书馆这个角度来说，善本也是古籍，如果是划一道时代界限的话，可以划一个1795年，一般来说，乾隆六十年（1795年）以前的都把它当文物看。像我们图书馆里面藏了很多书，人家不知道，哪些善本书你得给人家编一个目录，告诉人家这个书是什么名字，作者是谁，什么时候的本，你得把它考证出来。

记者： 那您跟我们说说整理编目的工作，它难度在哪？

李志忠： 这一生做善本修复整理工作，我最大的体会，这个工作用咱们最普通的话来说就是好汉不好干，赖汉干不了。

主持人： 为什么干不了？

李志忠： 因为它涉及的内容太多了，比如说《四书章句集注》，实际上这个名字是后人的习惯，把它称为朱熹的《四书章句集注》，实质上这个书并没有这个名字，这个集注是一种著作方式，就是把众多人的注释都集中起来。这里面学问很多，比如这个书是谁做的，作者是谁，真实姓名是不是需要考证，古人的名字有时未必是真实的名字，有可能是字啊，有可能是号啊，诸如此类的，你要把真实姓名弄清楚，那至于版本就更复杂了，以前也没有现在这样的版权页，还有序列你得都懂，你还要依据什么，定这个书是什么版本，什么版本很重要，（因为）读书总得挑好的本子。

· 2015年1月23日，中国古籍保护协会成立

就是诸如此类，我们干的就是这活，看着很简单，给人家就是简单的一条款木，任何一个学者看都认为是简单，可是要做起来这就不得了，你一个款木全部都著录准确，每一个项目都著录准确，可是你款目一多你就得分类，就得各入其类。可是这一类里头不是一种书，是多种书，要无序排列这个就不叫目录，这个功夫在背后，目录上是看不出来的。

记者：李先生您做了一辈子古籍善本的保护工作，做这个工作的意义在您看来是什么？

李志忠：我们中国有五千年文明，而且是更续不断的五千年文明，主要是靠典籍记载，一件一件的文物它要有意义，但是能够把这一件一件的文物连起来，能翻译出一个时代，一个涉及整个全民族的文明，那可是需要很深的功夫，每一件每一件，你可能很熟悉，但你就系统不了，这是一种学问，需要一种脚踏实地的治学精神。

家门口的知识宝库和娱乐天地

见证人：张明昊

国家图书馆读者

🔗 **记者：** 国图对您有什么特殊的意义？

💬 **张明昊：** 我是一名心理咨询师，从小就住在国家图书馆总馆南区的北门附近，走路十来分钟就能到国图。小时候父母经常带我到国图看书，大点儿，我就常常和家属院的几个小伙伴一起到国图看书。很多时候，几个小伙伴一起去国图，在图书馆里待一会儿，就跑到旁边的紫竹院公园玩儿去了，紫竹院公园里还有个小桥，国图和紫竹院公园，给我留下了很多美好的童年记忆。

小时候，对我而言，国家图书馆更像一个娱乐场所，不仅可以看书，还有个音乐厅可以看电影，一场电影看完，一个下午就过去了。我至今记得我在国图音乐厅里看过的几部电影，有《外星人E.T.》，还有《泰坦尼克号》。对于一个孩子而言，国家图书馆极具亲和力。

🔗 **记者：** 虽说是"娱乐场所"，但国图给您的童年带来了很丰富的精神食粮，那么现在长大之后，国图对您有什么帮助呢？

💬 **张明昊：** 长大了之后，我就开始发现国家图书馆的庄严肃穆，也开始在图书馆里查找专业书籍，这才逐渐发现国家图书馆的权威性。比如国图的蓝皮书，我能够在这里找到别的图书馆里没有的，甚至在网上可以查到标题，但查不到具体内容的各种专业的、系统的、全面的知识。比如《北京社会心态分析报告》，再比如《中国女性生活状况报告》，这些在国图，每年都有，这些都是绝对有生命力的干货，里面不仅包括统计的大数据，还有根据这些数据得出的一些结论，以及一些解决建议，非常权威。

· 国家图书馆少年儿童馆

国图的二层出口处，有一个政府信息专栏，这个专栏不仅会发布传统蓝皮书的出版信息，还有一些有关心理咨询、残疾人保护等活动的公告，对我来说特别有价值。

记者：小时候您就喜欢去国图寻找文化娱乐的活动，现在还有这个习惯吗？

张明昊：因为住得不远，我们家的人都很喜欢到国图去寻找自己感兴趣的活动。说到国图的各种活动，真的是纵横古今，比如"甲骨文的记忆"，展出的都是一级文物，特别难得的机会。国图还有很多小孩子们喜欢的活动，比如"动漫原画展"。所以我特别关注国图的各种活动。我家就住在国图附近，近水楼台，所以自然经常去参加国图的各种活动，去国图听各种权威级人物的讲座。

我父亲也特别爱泡国图，他喜欢到国图的四层，也就是电子阅读室去听京剧。我爸爸70多岁，年纪大了，上网下载一些东西比较吃力，他喜欢到国图的四层去，直接找国图的工作人员帮忙找京剧的音频，然后就泡在国图里听京剧。每次去国图父亲都特别高兴，因为特别方便。

对我家来说，国图就像一个宝库，是学习知识的宝库，享受娱乐的天地，方便轻松、快捷权威。

国图改变了
我的人生轨迹

见证人：高志虹

国家图书馆读者

记者：您和国图是什么时候有交集的？

高志虹：我今年66岁，年轻时与国图结缘。当时我买了一架照相机学习摄影，自己看书、学习、拍照片。当我学到一定程度，需要更全面地学习摄影时，却发现很难找到专业书籍，很多专业书籍在书店里难以找到，学校的图书馆也没有，于是我就想到了国家图书馆。

那时候我住在北京的西单，距离文津街的老国图很近，骑自行车就可以去文津街的国图借书。和很多人一样，我周一到周五忙于工作，只能在周日去国图借书。那时候，我常常是一大早就骑车去文津街的国图，到国图后，把车直接骑进去，放在大殿前，然后进去看书。当时大殿就是借阅室，可以借书，但不能借回家，只能在图书馆里看书。那时借阅室的空间很有限，不能够随便进入，在借阅室人满的时候，要有人从里面出来，下一个人才能够进去。进入借阅室后，管理人员会发一个座位号，然后要拿证件作抵押才能换号，所以在当时，进入借阅室看书也不是那么容易。有时候人多，在借阅室外排半个多小时才能进入借阅室，也是正常的。

记者：还记得当时借书的程序吗？

高志虹：我回忆一下，我记得是进入借阅室，拿到号之后，就要到检索处去查书目。那时候的索引就是一个个小抽屉，抽屉上面写着

· 国图公开课录制现场

借阅书目的分类，打开抽屉，里面有一张张小卡片，借书的人翻找到相应的书名，记录下卡片上的信息，就可以到借阅处去借书了。

记者： 当时那段时光是不是给您留下了很深的印象？

高志虹： 当然，青葱岁月里，我在文津街的国图度过了许多愉快的时光，在那段时间里，我读了很多书，以至于我将去图书馆读书的习惯一直保持到大学毕业。那时候各方面的资讯都很少，娱乐方式也不像现在这么丰富，读书是大家获取知识的重要途径，而当时的国图，就是信息量最大的书库。

现在想想，我当时去国图读书，就是为自己的未来做知识储备，也正是这样的知识储备，让我后来的人生有了更大的飞跃。从某种程度上说，国图改变了我的人生轨迹。

年少岁月里最美好的记忆

见证人：陈杰

国家图书馆读者

我今年34岁，是一名保险代理人。我和国图的渊源，最早源于高中时期。2001年的时候，我经常在放学之后，骑自行车和几个同学一起去国图，到国图的自习室去写作业，我记得那时候国图后边还有一个小楼，里面有个台球台子，还有个乒乓球案子，我们有时还会去那儿打台球、打乒乓球。

现在回想起来，当年在国图上自习的感觉还是很惬意的。为什么放学要去那儿呢？因为如果回家，总感觉自己是一个人，家长盯着写作业，特别扭，而在国图，和小伙伴一块，不仅比较放松，而且环境也比较好。

我们一群小伙伴，周末也特别喜欢去国图，常常一到周末，就几个同学约好，一块儿去国图。那时候，我喜欢看体育杂志，有些往期的杂志买不到，我就去国图借阅。那时候国图的后院还有一个篮球场，旁边是家属院，我经常会和一些同学，还有国图家属院里的孩子们一起打篮球。周末一去就是一天，上午在国图里看看书、写写作业，下午在国图的后院打半天的篮球。

当时，能有国图这么一个既可以看书、学习，还可以接触到各类书籍，汲取各种知识和信息的地方，真的非常开心。而且那时候，是不可以带自己的书进去看的，不过现在就许带自己的书进国图了。

现在我已经30多岁了，回想起上学的时候，读书对一个人成长的重要性，不禁对国图心生感激。感谢国图，它让曾经年少的我增长了学识，还陶冶了我的情操。那种小伙伴放学之后去国图一起读书、一起交流、一起玩耍的记忆，是我年少岁月里最美好的记忆。

·2016年9月26日，长征七号运载火箭首飞搭载中华典籍交接证书及纪念读者卡在国家珍贵古籍大展中展出

紫电青霜，
王将军之武库

见证人：李爽

国家图书馆读者

我快60了，我想说说我们这代人对国图的印象。

在我的记忆中，早先，国图叫北京图书馆，在北海公园附近，当时我骑自行车从单位去北京图书馆，一会儿就骑到了。当时北京图书馆有一个社会期刊阅览室，我常常在那儿看书、读书、看报纸。当时我正准备高考，有时候就拿了复习资料去那里读书、写作业、学习。那里环境很好，报纸杂志随便看，又安静又整洁，是我年轻时最喜欢去的地方，说起来，那都是40年前的事儿了。

后来，国图就搬到了紫竹院的北边，也就是现在的国家图书馆总馆南区。新中国成立50周年前夕，国际广播出版社打算出一本书，有关新中国成立50年来中国漫画发展的历史。当时，国际广播出版社的一位编辑和我负责这本书的编纂工作。开始编辑工作后，我们就开始到处搜集资料，而资料最全的地方，自然就是

·国家图书馆总馆北区内景

国图了。那时我在国图搬家后,第一次去国图新馆,踏进位于紫竹院北的国图新馆,哇,真不得了!巨大的阅览室让我震撼,四壁的图书让我惊叹!那个时候,我才真正感受到国家图书馆的国家力量,真的是磅礴的文化气势。

后来,在那本书的编辑工作中,国图给我提供了极大的便利。那段时间,我经常去紫竹院北边的国家图书馆新馆,去找与漫画有关的书,或者漫画类杂志,一次次感受到国图的魅力所在。

工作完成后,我把继续去国图看书的习惯保持了下来,并且建议身边的人都去国图看书。

在我看来,国图是一个非常重要、非常崇高的阅读殿堂,对于学习者来说,堪称"紫电青霜,王将军之武库"。

大事年表

1949
9月27日，单位名称由"北平"字样一律改用"北京"。本馆自即日起改名为国立北京图书馆。不久改为北京图书馆。

1957
9月6日，国务院批准实施《全国图书馆协调方案》，提出北京图书馆应该成为全国图书馆的核心和图书馆业务的辅导中心。

1960
6月9日，文化部文物局第48号通知，拨交本馆《资治通鉴》手稿1件。1965年，在周恩来总理关怀下，从香港购进陈清华藏宋刻《荀子》和元刻《梦溪笔谈》等珍贵善本图书；2004年，陈氏藏书《施顾注东坡先生诗》等入藏本馆。

1973
10月29日，周恩来总理在审查北京图书馆原址扩建规划和模型后指示本馆进行另址扩建，最终选址紫竹院公园北侧。

1985
1月，全国图书馆文献缩微复制中心成立，附设在本馆。以缩微方式抢救保护文献。

1987
10月15日，北京图书馆总馆南区建成开放。邓小平题写馆名。

1995
3月1日，电子阅览室正式开放。为读者提供光盘检索、联机检索、用户培训、咨询、阅览等服务。

1999
2月10日，正式启用"国家图书馆"及"中国国家图书馆"称谓。江泽民题写馆名。

2006
1月6日，国家图书馆古籍馆揭牌仪式在文津街馆区举行。

2008
9月9日，国家图书馆二期暨国家数字图书馆正式开馆接待读者。

2009
9月9日，国家图书馆举行建馆100周年庆典，中央领导莅临并做重要讲话。

4月19日，国家图书馆互联网信息战略保存项目在北京启动。

2010
5月31日，国家图书馆少年儿童馆暨少儿数字图书馆开馆。

2012
7月，经中央机构编制委员会办公室批准，加挂国家典籍博物馆牌子。

2014 — 9月10日,国家典籍博物馆正式开馆。

2016 — 4月,启动由中宣部支持指导、文化部委托本馆组织实施的《中华传统文化百部经典》编纂项目。

2018 — 1月1日,《中华人民共和国公共图书馆法》正式实施,其中第22条规定了本馆职能。

2019 — 4月23日,与中国图书馆学会联合全国3039家图书馆共同发布"服务全民阅读 共创美好生活"中国图书馆界4·23全民阅读活动倡议书。

截止9月,国家图书馆馆舍总建筑面积28万平方米,馆藏文献总量逾4000万册(件),数字资源总量约2200TB(万亿字节)。

记者手记

上高中的时候,每到周末,班里几个爱学习的同学喜欢骑车去国图自习室看书,我也跟着去凑热闹。记得那是2002年,我第一次进入国家图书馆的新馆,就被那种庄严肃穆的气场所包裹了,在那里学习和看书真的是事半功倍,以至于我高中三年很多个周末都是在那里度过的。后来我的家搬到了紫竹院对面,从窗户就能够看到国图的琉璃瓦屋顶。但在这个互联网发达的时代,我们这代年轻人已经习惯了从网络上获取知识,我也很少再去国图。

这次采访,让我重新踏进了这个知识的殿堂,也更加深入地了解到,作为一所国家图书馆,这里不仅仅是一个巨大的知识储备库,更是一个承载着国家重任和肩负着社会责任的庞大机构,很多功能是公众所不甚了解的。而作为一名记者,希望我们的报道让更多人了解这个巨大的信息宝库和它为弘扬中华文化所做出的巨大贡献。

本节图片均由国家图书馆提供

北海公园

BEIHAI PARK

皇家御苑的新生

本节撰稿： 赵智晖　代丽娟

北海公园
扫一扫，随时听

北海

从来都不曾是海

它只是被逃离故土的河流抛弃的

干涸贫瘠的河床

废土为岛，潴水成泽

是景、是园、是帝王将相贪恋尘世的幻想

1000 年后挥起的船浆

轻拍在 1000 年前的水面上

这白塔是谁的白塔

在岁月面前

又有何妨

礼佛祭祀，问政闲居

一园山水将时空的更迭兼收并蓄

炊烟缭绕，船游冰嬉

它阅尽千年却早已习惯了沉默不语

北海不曾改变过

改变的只是路过北海的人

北海更不曾被谁拥有过

它只会停留在原地

迎来送往

波澜不惊

回望70年

北海公园
BEIHAI PARK

源起永定河故道

北海的开辟，比北京建都的历史还要更早一些，中国著名历史地理学家侯仁之曾这样说过：从某种意义上来说，没有北海，就没有后来的北京。

流经北京注入渤海的永定河，改道南迁后，故道因低洼潴水而形成大片的湖泊与沃野，这是北海的雏形。早在唐宣宗大中十三年（859年），幽州就有百姓在此开荒耕种了。五代十国混战时期，938年，后晋高祖石敬瑭将幽、云等十六州割让给契丹，辽太宗耶律德光得幽州（今北京城西南一带）后即升为南京，又称燕京，作为陪都。

来自北方的耶律德光对这座南方陪都十分喜爱，曾数次巡幸，自然，也就看中了北海这块风水宝地，他下令引水扩湖、建造"瑶屿行宫"，这便是如今北海公园的雏形。后来的历史也反复证明，辽太宗耶律德光确实有着过人的眼光，之后的千余年间，这片水域和依它而建的亭台楼阁山石林园，就再也没能与皇权贵族脱开联系。

·风景秀丽的北海公园(北海公园管理处供图)

从别苑到都城

辽国在存续的200余年中一度攻占了中原,但最终也是与宋分而治之。而后同样来自东北部的女真首领金太祖完颜阿骨打建国灭辽,将燕京改为"中都",其南征之心可见一斑。1122年金兵南征攻破北宋汴梁城后,不远万里将从艮岳御苑抢夺来的太湖石运回燕京,砌成假山岩洞,试图在此复制一个"艮岳园"。1150年,金海陵王完颜亮在弑君篡位后的第二年便迁都燕京,开始扩建辽代统治者留下的"瑶屿行宫"。

自秦以来,跨越千年的封建统治者们,都向往能在有生之年寻到蓬莱仙境——传说在浩瀚的东海上有蓬莱、瀛洲和方丈三座仙山,仙山中不但有长生不老的神仙,还有长生不老之药。秦皇、汉武皆曾派遣勇士前去寻方求丹,可惜都只落得无功而返。失落之余,汉武帝下令在长安北面挖了一个大水池,名"太液池",池中堆起三座假山,分别以蓬莱、瀛洲、方丈三仙山命名,以为寄托。这一创举,被后来2000多年间每一位幻想永生的统治者们沿用。

1166年,离宫别苑"太宁宫"开工建设,北海与权力中心的距离愈发紧密。今日北海、中海一带，在当时属于太宁宫的西园，布局正是采用古典皇家园林"一池三仙山"的规划模式，金人开挖湖淤堆筑成岛，在中海修建南面岛屿以为"方丈"，在"圆坻"（今团城）之上增建了"瑶光楼"与"瑶光台"以为"瀛洲"，在琼华岛山巅新建"广寒殿"以为"蓬莱"，而三岛所处北海之水面，则为"太液池"。直至1179年太宁宫修建完成，北海的基本布局就此确定。在之后的40余年间，尽管战事频仍，金朝统治者们也未曾停止对这片水域的改造，直到被元朝统治者取代。

元朝至元元年到至元八年（1264~1271年），元世祖忽必烈多次扩建修缮琼华岛和岛上的广寒殿，作为朝会之处，"广可五六里，加飞桥于海中，起瀛洲之殿，绕以石城"。殿顶悬挂玉制响铁，殿内另有两个小石笋各有龙头，喷吐着从山后用水车提上来的湖水。殿中放置"渎山大玉海""五山珍玉榻"等奇珍异宝。五山珍玉榻在广寒殿坍塌后下落不明，而渎山大玉海历尽波折保存至今，仍放置于北海公园团城之内。这座由忽必烈下令制造的、中国现存最早的特大型玉雕，雕琢装饰继承和发展了宋金以来的"起凸手法，随形施艺"，被认为是代表了元代玉作工艺的最高水平。

与此同时，以"太液池"为中心的宫殿群也正在一刻不停地建设。元世祖对于广寒殿的偏爱，也在此时达到顶峰——他将琼华岛更名为"万寿山"。

巅峰与浩劫

明、清时期，北海御苑的建筑延续了元代的风格。明初改建元大都城，为配合宫城南扩，在太液湖南侧继续开挖南海，湖淤废土皆堆于团城东侧，称为"万岁山"。历史总喜欢将贪恋权力的人玩弄于股掌之上，后来的后来，生长于这座万岁山上的一颗歪脖树，吊死了明朝最后一位君主崇祯帝。

明朝时期的开挖扩建，使原北海御苑形成了南、北、中三海格局，辽太宗当初建立的"一海三仙山"格局就此打破，变成了"三海三仙山"。与此同时，太素殿、凝和殿、迎翠殿、五龙亭、大西天经厂等大量的亭台楼阁，都在北海沿岸新建落成。然而，万寿山上历经400余年风雨的那座广寒殿，却在这一时期不幸崩毁了。清顺治八年，统治者为维护民族团结，在琼华岛南坡修建了藏式庙堂永安寺，并在倒塌的广寒殿遗址上修建了如今北海公园的标志性建筑——一座藏式白色

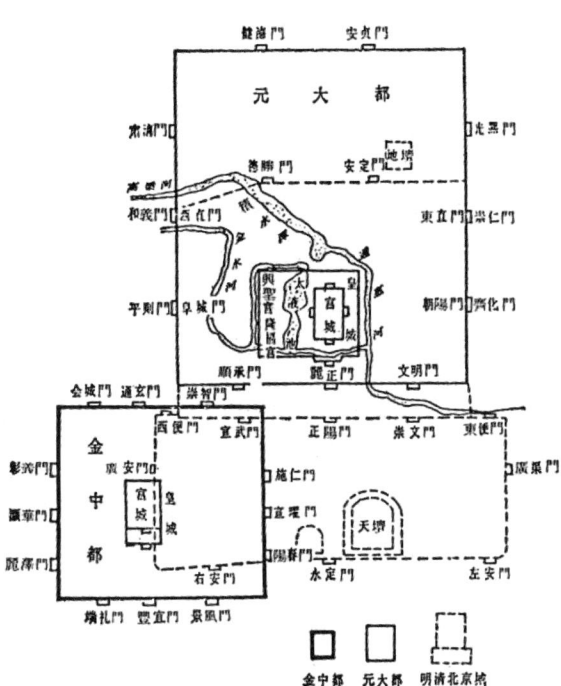

· 金中都、元大都与明清时期北京城的位置对比（北海公园管理处供图）

喇嘛塔。作为皇家御苑的北海公园在不断的修葺扩建中愈发气派恢弘，终于在乾隆年间达到了它的鼎盛。

乾隆在位六十年，喜文好游是历朝皇帝中最出名的。北海东北岸的先蚕坛、太素殿遗址上新建的阐福寺，存放元代遗珍渎山大玉海的玉瓮亭，都是按照乾隆的意愿所建。特别是对于琼岛，不但在山坡与水岸兴修建筑，更是在东坡山下定琼岛春阴为燕京八景之一。曾六下江南的乾隆，也被江南士大夫园林精巧典雅的设计构造所折服，先后在北海北岸和东岸修建了镜清斋、画舫斋、濠濮间等园中之园，特别是为保存他自己最喜爱的三幅书法作品之一——《快雪时晴帖》石刻而特意扩建的快雪堂，主殿由名贵的金丝楠木建造，乾隆亲题殿名，壁嵌48方明代碑帖石刻，称为《快雪堂石刻》。乾隆治下尤其重视佛教，在明代五龙亭与大西天经厂附近，命人新建了包括西天梵境、全国唯一的双面九龙壁、大圆镜智宝殿、极乐世界、万佛楼等在内的大规模佛教寺庙与宗教建筑群，使北海北岸呈现一幅西天佛国的景象。

晚清时期忧患纷扰的家国局势，并未影响皇室对于北海公园的修葺扩建。光绪年间，应慈禧太后之命，中、南、北三海之间建成了一条约长2300米的铁路。这条铁路南起南海瀛秀园，经中海北门福华门，穿入北海西南门阳泽门，并且沿着北海西岸一路向北到达极乐世界，接着向东经过阐福寺和西天梵境，最后到达镜清斋码头前的车站。这也是北京正式修建的第一条铁路。

清末民初的战乱与动荡，成为了北海公园没落的开始。1900八国联军入侵北京，占领毁坏了大量的建筑与文物，甚至强占万佛楼作为司令部，将楼中金佛洗劫一空。侵略者的扫荡，文物瑰宝的丢失，让这座历经800多年风雨的皇家御苑风光不再，然而，这场浩劫客观上也让北京城中的普通民众，第一次有了能够走进它的机会。

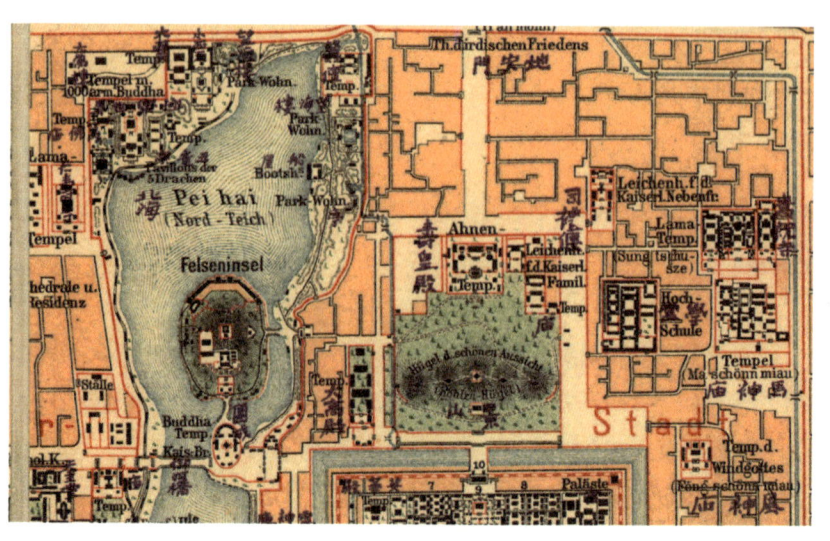

·1900年，八国联军入侵北京时，德国皇家普鲁士军火协会制图部门绘制北京地图

文人雅士的乌托邦

1911年,辛亥革命爆发,次年,清朝最后一位皇帝爱新觉罗·溥仪发布退位诏书。至此,中国长达两千多年的帝制历史宣告终结,皇上都没了,北海,自然也不再是皇家御苑。1925年,北平还叫做京兆地区,而北海已经成为了北海公园。在闭园修缮十余年后,这座历经五代封建王朝的私属御苑,终于向普通人敞开了大门。

北海作为公园开放后,立刻成为了北京民众休闲娱乐的新选择。民国时期北海再无新建建筑,而原有古建的功能却发生了巨大的改变。岸边景致最美的五龙亭、道宁斋等大批古建,皆被租用为茶座、餐厅等供游人休闲消费。饮香茗、品点心、赏园景,一时间成为当时名流绅士的时髦享受。曾在宫廷做过御厨的赵仁斋组织了几个同僚和太监,来到北岸的五龙亭附近开设了仿膳茶社。仿膳,自然就是仿照宫廷御膳的意思,店内主要经营清宫糕点小吃及风味菜肴,将皇宫内院

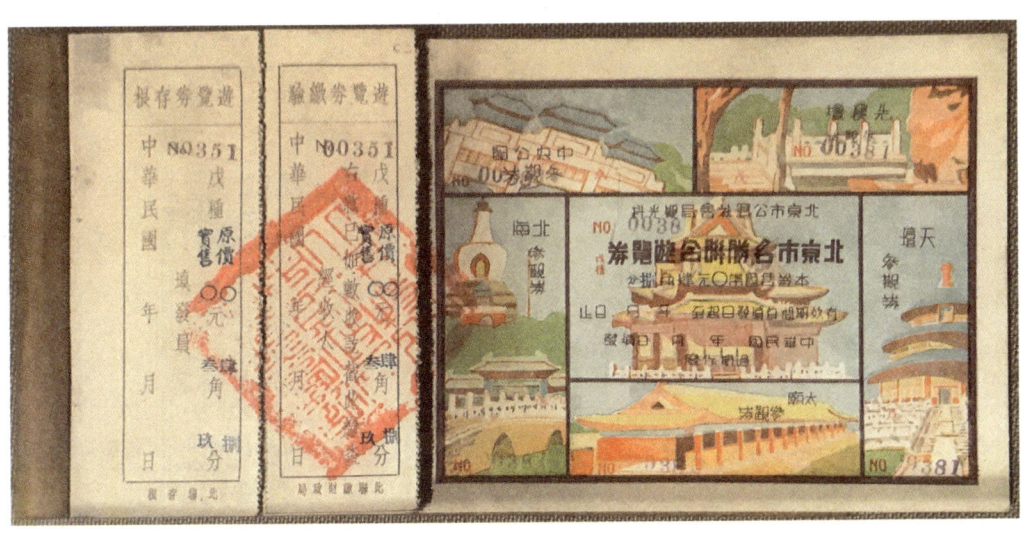

· 民国时期北京市名胜联合游览券(赵智晖摄)

的珍馐美味"仿"给了普通民众,甚至在接下来的近一个世纪当中,成为北京人共同的味觉记忆。而冬季的冰嬉和夏、春、秋的游船,更是吸引了大批青年学生,公园内还建有大型公共体育场甚至儿童体育场。放松、娱乐、健身,当时的北海公园,几乎能够承载那个时代人们所有的休闲需要,当然更少不了文化生活。

而在北海公园正式开放前的1923年,近代思想家梁启超便利用私人力量,以纪念护国将领蔡锷之名,在北海公园快雪堂设立了松坡图书馆。那时的图书馆还是新鲜事物,全国也没有几间,而这北海中的松坡图书馆,连大部分供借阅的图书,都来自于梁启超的私人珍藏。之后的几年中,又陆续有国立北平图书馆、北海图书馆等在北海建立,一时间,北海公园更成了先进知识青年的"乌托邦",无数文人在此交集:1924年,梁启超邀请印度诗人泰戈尔访华,蒋百里、熊希龄、胡适等40余人在北海静心斋举行欢迎仪式,仪式后泰戈尔便访问了松坡图书馆。而泰戈尔此行的陪同兼翻译,正是徐志摩。两年后,还是在这里,徐志摩在证婚人梁启超的"灵魂拷问"中,迎娶了一生挚爱陆小曼。

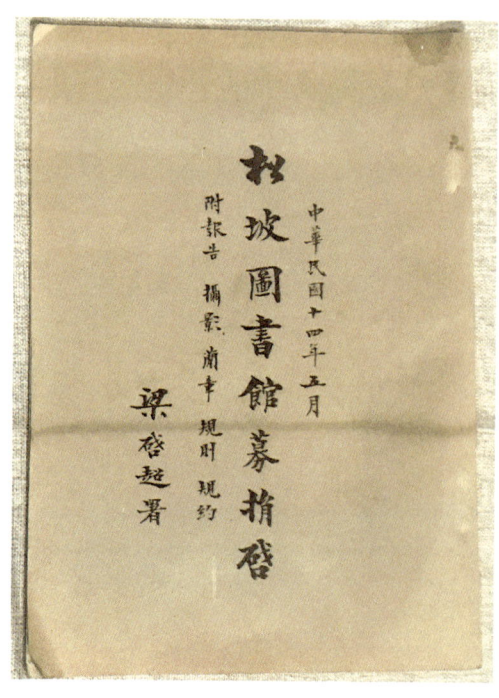

· 北海公园园藏文物——梁启超署《松坡图书馆募捐启》,内部记载了梁启超为建立松坡图书馆而向社会各界人士"众筹"的各项细则(赵智晖摄)

知识青年的聚集让北海成为新思想与新文化的发源地，然而高昂的票价和消费水平，却将普通民众拒之门外，无法融入其中。那时去北海公园游玩对普通人来说，还是一项相当奢侈的娱乐活动。邓云乡在《燕京乡土记》中曾这样描述当时北海公园游船的物价："'七七'战前，（游船）押金一元，租金每小时三角，可买芝麻酱烧饼三十九个，还余铜钱一大枚，其价不为不贵矣。"另一方面，园中文人雅士非贵即奢的气质，也与前线不断恶化的战局格格不入。解放战争初期，朱自清先生在《回来杂记》中讲述的北海，已是这般光景："然而北平究竟有些和从前不一样了……古董玩器的冷落还不足奇，更使我注意的是中山公园和北海等名胜的地方，也萧条起来了。我刚回来的时候，天气还不冷，有一天带着孩子们去逛北海。大礼拜的，漪澜堂的茶座上却只寥寥的几个人，听隔家茶座的伙计在向一位客人说没有点心卖，他说因为客人少，不敢预备。这些原是中等经济的人物常到的地方，他们少来，大概是手头不宽心头也不宽了吧。"随着战事的不断紧张，北海公园与普通百姓之间的距离，反而越来越远。

人民身边的北海公园

1949年新中国成立，北海公园才真正回到了人民身边，成为了首都政治与文化生活的重要场所，更成为了新中国人民文化生活发展的风向标之一。

除了疏浚湖泊，增加公共设施，修复北海公园的古建筑以外，政府还改建、新建了包括少年科技馆、少年先锋队水电站在内的一批青少年教育设施。1954年，曾有单位提出拆除团城，扩建原中南海北侧的北海大桥，周恩来总理力排众议，将中南海西北围墙向南让出数十米空地，从而保住了团城这一百年古建。

在中央领导的关怀下，新中国成立初期的北海公园成为了许多大型政治、外交活动的举办场所。1950年3月，"中苏两国签订友好同盟互助条约"焰火晚会在北海公园举行；一年之后，为庆祝中朝两国人民的伟大胜利，又再次举办了灯会和焰火晚会。1952年，一所专为首都少年儿童提供科技启蒙、兴趣拓展等服务的机构"北京市少年之家"（北京市少年科技馆前身），在北海北岸的阐福寺中开始筹建。紧接着，解放军空军部队和交通部又分别向北海公园赠送了"少年先锋队号飞机"和"少年先锋队号汽艇"，供少年儿童观摩、学习。

1955年，新中国第一部校园题材儿童故事片《祖国的花朵》正式公映，影片主题曲《让我们荡起双桨》中描绘的"双桨、白塔、绿树、红墙"成为了几代人对于北海公园的共同记忆。第二年，一所专门为少年儿童修建的、由少年儿童自主操控的全自动水电站——"少年先锋队水电站"，在北海东岸拔地而起，北海公园成为了全国各地少年儿童向往的乐园。

1959年，遵照周恩来总理的指示，北海北岸的仿膳饭庄搬迁至南岸琼华岛上修缮一新的漪澜堂中，并请老舍先生题写店名"仿膳"，成为中央领导宴请外国政要的重要场所。同时，这一时期的北海公园还是承担大型群众活动的重要场所，先后举行了各类水上运动会、游园会、音乐晚会、焰火晚会等大型公共休闲活动，盛况空前，万人空巷。

1971年，北海公园暂停对公众开放。1978年3月1日，北海公园重新开放，开放首日就接待了13万位游客。

据《北海景山公园志》记载，1980年，北海公园投资了100万元，对园内的文化活动设施进行了更新改造。在这一时期，北海公园陆续引进了"游龙戏水""双人飞天""液压飞机"等大型电动游艺设施，并在北海西岸建成西华艺楼（现北海公园管理处），内设舞厅、电影院、台球厅和咖啡馆。

1987年1月10日，北海公园与镇江市侨艺灯彩联合公司举办的大型迎春灯会，千余盏姿态各异的彩灯作品和一盏巨型龙灯，为北海公园吸引来游客近60万人次。"镇江灯会"的巨大成功，仅仅是北海公园探索举办大型群众性展会的一个开始，紧接着，与四川省自贡市恐龙灯会经济贸易交流会合办的"北海龙灯会"、与成都市联合举办的"荷花艺术节"大型彩灯展、与陕西省合办的"煤海之光迎亚运山西煤矿彩灯展"和与洛阳市合办的"92北海之夏——洛阳牡丹灯会"等大型灯会活动接二连三落地北海公园，再加上同时期连续举办的北海公园老牌花展——"北京市菊展"、国际花卉展、荷花展等展会，北海公园成为了人民群众赏花观灯的乐园。

划船与滑冰、大型游乐设施、冰灯展、花卉展，甚至电影院与舞厅，都曾在这片古老的园林中占有一席之地，成为了一代人独特的记忆。那时的北海公园，不但成为每一位访京游客必到的景点，更是全国园林系统模仿的对象——但凡来过北京的游客，谁会没有一张与北海公园白塔的合影呢？而几乎每一座有公园的城市，也大都会在湖中堆一座建有白塔的小岛。

· 来自内蒙古的闫家三兄弟（从左到右）闫立德、闫立功、闫立明分别于1955年、1961年、1977年来到北京，都在北海公园留下了一张与白塔的合影（闫立明供图）

进入21世纪，中国社会经济和文化建设快速发展，普通民众有了更多的闲暇时间的同时，个性化的文化生活需求也日益增长，他们纷纷走进公园，施展才艺、结交同好，不同文化程度和成长背景的群众，在同一片北海旁欣赏美景、感悟文化；当前，文化自信正成为每一位中国人的思想自觉，而北海近千年来的历史文化积淀，不但见证了一座北京城的兴衰荣辱，更见证了中华民族的日新月异的发展和变化。如今的北海公园管理者们，正是怀揣着这份责任与信仰，努力发掘、保护北海公园的文博价值。一些由于历史原因造成的对文物古建的占用、挪用，都在逐步被清退、修复直至重新对游人开放，而许多被埋藏、封存多年的文物古建，也得以重见天日。如今的北海公园，用最新的多媒体交互技术向游人普及北海公园背后的人文历史价值，借助高科技手段监测文物古建的细微变化，结合无线互联技术开发智能文物保护平台……。科技改变了很多，不变的，是一代北海人对这这片山水的爱。一海三山的园林艺术价值、亭台楼阁的美学与建筑技艺、随处可见的古树与典藏百年的文物……还有更多北海无法估量的文化价值，如它平静如初的水面一般，静待后人去发现，而它的改变，也被一代又一代人共同见证着。

见证70年

北海公园
BEIHAI PARK

新中国文化生活记忆

古老园林与现代科技曾在此交融

见证人：徐祖哲
中国计算机史研究学者、网络与信息化专家、
原北京信息产业协会秘书长

今年78岁高龄的徐祖哲先生，是中国早期的信息科技工程师。1966年，刚刚大学毕业的他便在哈尔滨军事工程学院计算机研究室参加了邮电部首台长途自动电话计费专用晶体管计算机的研制，之后便一直从事电信、邮政、无线电、自动化、计算机等多个信息科技领域国家工程和科学研究。可谁又能想到，徐祖哲先生的科技梦，正是萌芽于北海湖畔呢？

新中国成立初期，国家百废待兴，经济重建是工作重点，而与经济重建同步进行的，是人民群众的文化思想建设。1952年，徐祖哲的父母来到北京，正是参与筹建一所大学——这所由清华大学、北洋大学、厦门大学、四川大学等八所院校的航空系合并组建的高等院校，也就是新中国第一所航空航天科技学府——北京航空学院（北京航空航天大学前身）。就在几乎同一时刻，北京市"少年之家"在北海公园北岸的阐福寺内开始筹建。

· 1962年夏天,北京五中59届高三(1)班同学,暑假回家时在北海公园聚会留念。左一为徐祖哲先生。当时的北海公园还未建立南侧围墙,在琼华岛上可以远眺到西长安街北侧的电报大楼(徐祖哲供图)

"少年之家"将阐福寺的东西配殿和钟鼓楼等,作为物理、化学、生物、美工、音乐五个教室。大殿则是少年厅,时常为少年儿童放映电影,成为首都少年儿童交流学习的乐园,后来改建为"北京市少年科学技术馆"。1955年,初中三年级的徐祖哲报名参加了当时已经正式挂牌的少年科技馆电信组,开始了一周一次的课外学习。

新建的少年科技馆拥有那个时代相当高端的教学设施。电信组便拥有一台小交换机,各个兴趣小组之间的电话通信,全靠这台小交换机牵线搭桥。然而更有价值的是一台电传打字机,那是一个看起来与现在的键盘颇有几分相似的精密机械,能将英文、数字直接输出为电码,发送电报或打成穿孔纸带保存。这台电传打字机来头可不小——1955年,中国电讯第一厂上海有线电厂接受了东德转让的技术,开始试生产这种电传打字机,第一批样机仅生产了四台。邮电部在得知北海公园内的少年科技馆正

·2009年,徐祖哲先生在快雪堂前留念(徐祖哲供图)

在开展面向少年儿童的科技教学活动后,特意捐献了其中的两台,并培训时任辅导员王化吉进行操作和维修,再由他教授给电信组的学生们。也就是在那一年,徐祖哲第一次在辅导员的指导下,看到了当时国内最先进的电传打字机的内部结构和工作原理。

20世纪50年代,北海公园内的北京少年科技馆先后设立了航海航空模型、无线电、化工、天文、摄影、内燃机、电信、水力发电、电工、航海、气象、机工、钳工、生物、数学、物理共17个门类的学习小组,解放军空军和水利部赠送的中国少年先锋号飞机与中国少年先锋号汽艇都曾在其中展出、使用,先后有数千名少年儿童在北海公园中学习当时最先进的科学文化知识。1956年,一座"少年先锋队水电站"在北海东岸边建成,这是全国惟一一座为少年儿童建造的水电站,也是我国第一座由少年儿童自行操纵的全部自动化的水电站。当时的通讯报道这样描述它的价值:

"北京北海公园少年先锋队水电站已于1956年10月份全部建成,并于56年10月26日与系统

· 1955年仿制东德生产的第1批4台电传打字机,其中两台由邮电部送给北海少年科技馆,打字机左侧的白色纸带,是发报同时形成的穿孔纸带,可以将报文内容二次转发和保存(徐祖哲摄影)

· 1957年5月18日,北京五中高一(1)班团支部在北海公园过团日,于九龙壁前合影。站立排左二为徐祖哲先生。前排右一为知名科学家、中国科学院院士叶朝辉先生(徐祖哲供图)

并列发出了电力……这座小小的水电站,是专门为少年儿童修建的,现在已正式开放。它将使孩子们得到更多的科学技术知识,知道水是怎样发出电来的。"

这个微型水电站并不是"样子货",借助画舫斋西侧小渠的水位落差,它真的可以发出10千瓦的电力,能点亮400盏25瓦的电灯,可以带动"少年之家"电工车间的小车床,还与北京电力系统并网。包含地下室在内的三层西式小楼中,操作间、电工室、水力发电知识陈列室等一应俱全。

丰富多彩的科学文化活动,似乎也让北海公园的气质发生了一些改变。古老的园林建筑与先进的科技设施在此刻交融并蓄,而那些可爱的孩子们,也在这座千年古园中种下了自己的梦。1958年,已经上高中二年级的徐祖哲,再一次回到北海扬起船桨,在第三届北京市运动会500米划船的比赛中夺得亚军;2009年,已经退休多年还在为中国计算机历史研究四处奔波的徐祖哲,在北海快雪堂前留下了一张照片,80多年前,这里还是"松坡图书馆",而他的姥爷,中国著名哲学家、思想家熊十力,就曾在这里与梁启超一同读书。

再次让我们荡起双桨

见证人：刘欣欣

人民音乐家刘炽之子。中国国际友人研究会常务理事、中国延安文艺学会文化创意产业中心主任

20世纪五六十年代，"少年之家"和"少年先锋队水电站"的建设和运行，极大地丰富了少年儿童的学习生活，也让北海公园成了全国少年儿童向往的乐园。

1955年，新中国第一部校园题材的儿童故事片《祖国的花朵》上映，这部由长春电影制片厂拍摄的故事片意义深远，"好孩子帮助有缺点的孩子""先进生帮助后进生"的价值观树立，影响了后来许多儿童文艺作品，以至于在此后相当长的时期内，一些儿童片和儿童小说中始终延展着这种模式。而这部儿童片的主题曲《让我们荡起双桨》，更是让北海公园的小船、波浪和白塔，成了一代人无法磨灭的童年记忆。多年后，当那一代人回忆起那段被称为"金色年代"的岁月时，他们眼中总是会泛起幸福的光。

那时的刘欣欣只有3岁，在后来的很长一段时间里，他都没有意识到这首"每位同学都会唱的歌"对自己有什么特殊的意义，甚至在他上了几年小学后，都还不知道这首歌是由他父亲刘炽谱的曲。

电影歌曲《让我们荡起双桨》的走红使北海公园成为"儿童乐园"的完美呈现，三年后，一部中法合拍的、以少年之家和少年先锋水电站为背景的儿童奇幻电影《风筝》，带着中法友谊的美好期待漂洋过海，也将北海公园的绝美景致带去了异国他乡。而此时的北海公园，的确是新中国孩子们心中无可替代的乐园。

少先队员们会在北海公园过队日，去少年之家和少年科技馆学习新奇的知识，而对于更小一些的刘欣欣们来说，北海公园就意味着玩。平

·1956年，刘炽与长女刘燕燕（右一）、长子刘欣欣（右二）、次女刘云云（左一）一同在北海公园划船。此时，刘炽的小女儿刘莹莹还未出生（刘欣欣供图）

·刘欣欣指挥国家图书馆合唱团（索奎桓摄影）

日里，尽管创作任务繁重，刘炽也会带刘欣欣和姐姐刘燕燕、妹妹刘云云一起去公园划船，而每年春天学校组织同学们一起去北海公园游园，对这些孩子们来说就像是盛大的节日。甚至可以说，是他们的"狂欢日"。

在刘欣欣的记忆中，游园那一天的早晨，学校的辅导员带着全年级的同学坐上学校包的公共汽车，九点钟之前便已经到了北海公园。有时，进入北海前，小朋友们还会排好队，盯着白大褂阿姨身后手推车上盖着的大棉被望眼欲穿，直到从阿姨手中接过属于自己的那一根根奶油冰棍、山楂冰棍、红果冰棍或者鸳鸯冰棍……接下来，就是疯玩儿了。在那时的刘欣欣看来，北海公园就是一个又大又干净的公园，并没有多少游人，所谓的玩，也就是一群男同学自由地疯跑。爬山、捉迷藏、抓坏人，甚至偷偷跳进水里游泳……如果中午之前赶不上回学校，那就更幸福了，因为每一位小朋友都会得到一个义利果子面包。香肠、奶油，什么都没有，只是放一些葡萄干，可那时的义利果子面包，是刘欣欣口中顶级的美味。虽然那时的刘欣欣们还意识不到，但他们幸运地体验和经历到了《让我们荡起双桨》中描绘的，那个"金色的年代"。

20世纪70年代末，已经成了一名军官，从事着军队文艺工作的刘欣欣，从新疆转业回到北京，依然酷爱滑冰的他，用积攒的津贴买了一双进口花样滑冰鞋，将青春与荷尔蒙，留在北海公园闪烁着彩色灯泡的滑冰夜场上。也是从那时候起，他才开始真正意识到那首《让我们荡起双桨》对于他和千千万万普通中国儿童的特殊意义。那时的刘欣欣，开始试着重新认识

· 拍摄《祖国的花朵》时，刘炽在北海上吹着笛子。刘炽年轻时曾痴迷于民间传统音乐，精通许多民族乐器，这对他之后的创作产生了深远的影响（刘欣欣供图）

自己的父亲，一直到今天，在听到一个陌生的、关于父亲刘炽的故事时，刘欣欣依然会与知情者反复确认细节，并将它认真地记下来，这被他称之为"责任"。

听起来如此简单的《让我们荡起双桨》，之所以会成为几乎每一个中国孩子的共同记忆和童年向往，在刘欣欣看来，这就是"童心、童趣、童真"的神奇力量，更是乔羽先生作词、刘炽先生谱曲的童心创作与中国式传统东方古典审美的感染力交融碰撞的体现——自小痴迷于民间音乐和传统戏曲的刘炽，用中国五声调式中的羽调式，仅仅用了半个小时便写就了这首经典儿歌，没有对中国民间艺的酷爱钻研，没有对新中国发自内心的热爱与自豪，这样厚积薄发的神来之笔，又怎么可能实现呢？

这首中国孩子们耳熟能详、经久传唱的歌曲，其实还有一个四三拍的版本；刘炽正是在征求了《祖国的花朵》小演员们的意见后，才最终选用了现在四二拍的版本。而北海公园，又何尝不是如此呢？团城、琼岛、五龙亭……那些孩童们还看不懂的古老建筑奇观和皇家园林，其实早已融入他们的血脉当中，成了他们隐秘在心底的文化基因；而那些被留在北海公园中的青葱岁月，让这座古园历经千年，依旧焕发着勃勃生机。这一切，都经由《让我们荡起双桨》这首永恒的歌曲，荡去四方，飘向世界。

北海是我的真爱

见证人：王洪新

原北海公园文化研究室研究员

· 王洪新

1961年，16岁的王洪新结束了支援大西北的日子，随父母从宁夏灵武回到老家北京，进入北海公园工作。还是懵懂少年的他，在荒蛮的戈壁中迅速变得成熟、干练，却也因此遗憾地错过了上学的机会。40多年后，王洪新凭借超于常人的自学能力，成为了北京园林史领域的专家，多次被单位返聘修订北京市属公园园林专著、史志等。经他手完成的公园史志资料，无不历经严谨细致的史料考证，直到如今，依旧是新员工的培训教材。今年已经74岁高龄的王洪新先生，向我们讲述了他所经历的北海变迁：

我1961年来北海公园，那时候十五六岁，在工程班当了一名小工，每天和砖、瓦、灰、石打交道。1965年我参军入伍，成为了一名空军战士，参加了抗美援越战争。1971年我复员回到北海公园，服从党组织的安排，做了北海公园团总支书记。

那时候，北海公园因为涉及中南海安全的原因暂时处于关闭状态，因为清净，没有别人干扰，一些中央领导偶尔会到这里来。当时我20多岁刚复员回来，是北海公园最年轻的一个干部了，所以让我参加了接待小组。中央领导来就是来休息休息、钓钓鱼，来了以后，我们就陪着他们，在旁边看着帮帮忙。1976年唐山大地震，北海很多建筑也受到影响，北海好多职工，包括我，家里的瓦房全塌了，也都顾不上。那个时候地震就是命令，大伙儿都跑到北海来，进行抗震。当时北海公园东边大墙倒了一溜，白塔那个塔尖儿，整个倒了，都

· 1965年2月13日北海公园党组织召开了全体职工大会欢送王洪新参军入伍，图为当时工程班员工与王洪新（前排中间坐者）合影留念（北海公园管理处供图）

歪了。白塔里的金盒和舍利，也就是那个时候才发现的。除此之外，还有好多建筑虽然没有倒，但是处于危险状态，所以公园就组织全体职工进行积极抗震及时修缮，抢救这些建筑。

1978年3月，北海公园再次开放。开放当天游人太多了，同一天好几十万人，远远超过了公园的接待能力。新中国成立初期北海公园还都是手摇船，《让我们荡起双桨》唱的就是那种手摇船。最早咱们这个都是木头船，每年一到入冬的时候，几百条船都要上岸，上岸以后干什么？进行修船。怎么修？船漏了，用麻刀、石灰、桐油给它补上，补完了，为第二年开始做准备。这边修船的人是哪的？一个是咱们北海游船的一些老职工，另一部分就是请的白洋淀的老师傅。北海重新开放以后，原来这些木船每年造价太高，用几年就得更新。而且原材料找不着。后来我们就去南方考察，发现玻璃钢的船造价比较便宜，而且修补也比较容易，当然，还是手摇的。后来逐渐增加了一些脚踏的，北海公园著名的鸭子船。随着不断的引进，又增加一些电动船。1990年游船队成功研制了"腾龙号"仿古楼式画舫船。"腾龙号"由游船队队长张富强设计，游船队职工共同制造，船长20米，宽6米，型深1.2米，高6.3米，时速8公里，总投资16万元。同年7月，这艘由北海职工自主设计制造的游船，最终通过了市公安局、园林局、水利局、游船管理部门的检测，被批准试运行。

改革开放初期，各单位都会定经济指标，北海公园也不例外。经济指标你必须得完成啊，所以当时就开始利用这些古建搞了经营的场所，很多大殿都用作搞工艺品、旅游纪念品销售。

早期北海公园还养过珍珠、种过苹果树，甚至还卖过鱼。北海原来有专门有养鱼班，北海后门一进来，那鱼呀都是扎堆子，大鱼特别多，四五十斤的鱼都很多。我们那时候捕鱼，那一网最多时有三四万斤鱼，九十斤一条那大青鱼都见过，打下的鱼会供应市场，送去西四鱼店等国营商店销售。北海公园的东岸，在1978年重新开放后新建了一些游乐设施，什么碰碰车、游龙、飞机，那时候都比较新鲜。特别是能起降的飞机，现在好像不新鲜，那时候一到周六日尽是排大队，那人真是特别多，到下班我根本就走不了。游客说我排队排到现在，在这儿排好几个小时，你说你能不让我玩？所以我们只能加班加点。为了努力提高经济效益，后来的北海公园还兴建过电影院、经营过舞厅，甚至还引入了洋快餐肯德基。后来，根据上级指示精神，这些与皇家园林功能不符，游艺设施全部撤出。

20世纪90年代初，人们的观念逐渐发生转变。从颐和园调任北海公园的园长对恢复古老皇家园林非常重视，他提出首先把琼岛中轴线进行改造，恢复原貌，当时得到全体职工的积极响应。职工都同意，可是上级没有钱，后来他就提出一个办法——职工集资。职工那时候工资也不多，但还是把家里有限的钱都拿出来，把存在银行的钱都取出来了，投入这方面。那时候大概是有几百万吧，加上后来园林局的一些拨款，就这样把整个北海中轴线进行了原貌恢复。修缮了几乎所有的殿堂，连下落不明或遭到破坏的一些佛像，也都重新铸造。但你要都做铜的，确实没有钱。当时领导有一个想法，就是说实在没办法的，就先用玻璃钢制作替代，如果以后公园资金不困难情况下，逐步再把玻璃钢改成铜的。

特别是到2005年，占用古建进行经营活动的肯德基等洋快餐全部撤出，北京市给了北海公园一笔拨款，重点就是修复北海的古建，特别是琼岛，请了各方的专家，请他们给提出意见。2005年的这次修缮投资非常大，而且修缮面积也很大，把北岸的天王殿、五龙亭、快雪堂，还有极乐世界也就是小西天，全部进行了修缮。在新中国成立70年里，北海由原来的皇家园林，变成一个经营的场所，再由经营场所，又恢复原貌，这是它最为重要的变迁。这些内容，也都在我撰写的《北海公园史志》中详细记载了下来。

对于我个人来说，我特别喜欢北海，北海是我的真爱。因为种种原因，我没有上过学，但在北海工作的这段时光，我从没放弃过学习。是出于对文学的热爱，更是出于对北海的热爱，我参与修著了《北海景山公园志》，主笔了《皇城御苑—北海》《皇城御苑北海大事记》《北海》这几本关于北海的书，可以说，我把对北海的爱都写在那些文字里了。

家门口的
儿童乐园

见证人：王玉

青年三弦演奏家、音乐人

如果说过队日、游园会是专属于40后、50后的北海记忆，那对于80后甚至90后来说，他们看到的北海公园，还真不一样。1988年，北海公园与四川自贡市共同举办了在当时最大的一场灯会，这场万人空巷的灯会，再一次让北海成为全国人民目光的焦点。那一年的《中国园林》这样报道这场盛会："为了配合北京国际旅游年，北海公园与四川自贡市共同承办了北海龙灯会，这次灯会是北京历史上规模最大的一次灯会，吸引了300多万中外游客……北海灯会经过40多天的展出，取得了很大的成功，给人们带来了美的享受，给首都增添了文化生活色彩。"自此，大型的冰灯展会又成了北海公园一张新的名片，而就在那一年，王玉出生了。

王玉是土生土长的北京孩子，跟北海公园有多熟呢？用他自己的话说，站在北海的白塔边上，能看到他姥姥家的院子。1994年，6岁的王玉就近进入府右街上的自忠小学念书，这下，离得更近了。在自忠小学的5年时光，王玉转遍了北海的各个角落，学校组织春游也上北海，组织合唱也唱《让我们荡起双桨》——王玉一度认为，这一定是专属于自忠小学的校歌。可就算是这样，那时的北海公园依然充满吸引力。

夏天的北京黑天晚，放学后的王玉就会和同学们一起去北海公园"探秘"。西南门的检票处在大门里面，猫着腰从检票窗口下钻过去是这帮坏小子的必备技能。不幸被发现了也没事，一看都是附近孩子，睁一只眼闭一只眼也就由他们去了。一群孩子能一直沿着湖边兜一圈，再从西北门出来回家。那时间的北海公园临近闭园也没太多的游人和商贩，几个小孩儿真就像探险一样，把北海公园里开放的、不开放的古迹建筑逛了个遍。1996年，五个能唱会跳的小女生几乎在一夜之间霸占了全国的电视荧屏，这个唱跳组合的名字通俗、直白、有着强烈的时代特征——青春美少女组合，她们初出茅庐便接二连三地登上了中央电视台《综艺大观》、心连心艺术团，甚至春晚的舞台，迅速成了偶像明星。第二年，那首经典的《让我们荡起双桨》被青春美少女组合翻唱并重新拍摄了MV，这首40年前的老歌也随之再次红遍大江南北。对于王玉们来说，《让我们荡起双桨》是熟稔于心的孩童记忆，而五个美少女则是时代造就的青春印记，每个在北海划船的少年，都会在远离岸边时大声歌唱这首比他们年长太久的歌曲，那些被肆意嘶吼出的、毫无曲调的唱词，成了他们辨别同龄人最好的暗号。

然而，这里真正吸引王玉的"游乐项目"，藏在北海公园的东北角。

20世纪八九十年代，北海公园和许多企业一样，也面临着提高经济效益的压力，而引进大型游乐设施，自然成了其中一个重要选项。做出这个选择的并非北海公园一家，全国的园林单位都在探索中前进，特别是1986年北京市区八角村办游乐园——石景山游乐园和其摩天轮的开放，让人们切身感受到了那时的人民群众对于"休闲娱乐"的紧迫需要。北海公园自然没有放慢步伐，旋转起伏的战斗机、飞驰而过的游龙，北海公园的东北角也成了惊险刺激的儿童乐园，其中最有吸引力的，自然要数碰碰车了。

那时候的碰碰车玩儿一圈3分钟，票价要5块

· 2002年，读中国戏曲学院附中三年级的王玉（右一），与表哥在北海公园的游乐场（王玉供图）

· 1988年，父母带着不满一岁的王玉去北海公园游玩（王玉供图）

钱，而一根冰棍才1块5，玩一圈碰碰车等于要少吃三根冰棍。所以，场地里没几辆车的时候，王玉他们是不玩的，两三辆车没得碰，得攒着人。趴在栏杆上等一会儿，一看有七八个孩子进去了，王玉这才掏出从姥爷给的5块钱，买上一张票美美地碰上一圈。那时候的碰碰车样式也并不丰富，只有熊猫、狮子、老虎等几个动物造型。北海公园这些碰碰车里，车速最快的就是一辆老虎造型的碰碰车，可能因为磨损严重，方向盘还缠着绿色的胶带。玩碰碰车的老手们，都会在第一时间抢着跳进那辆老虎车中，而没赶上的人一看老虎车没戏，则会扭头去找另一辆鼻子有点破的熊猫车——那是大伙儿公认的北海公园第二快的碰碰车。如果连破鼻子熊猫（车）也没抢到，那在一会儿的疯狂碰撞中就要怂一点了，尽量躲开这两辆好车，和操控这两辆好车的老炮车手，非要跟他俩撞，那可真是占不到便宜。

玩碰碰车毕竟需要"雄厚"的经济基础，没有姥爷做坚强后盾的时候，王玉便把大量的时间花在了五龙亭附近。摆渡码头旁的五个亭子，相互连接又各有疏隔，这组建于明嘉靖年间的古建筑群，也曾是乾隆皇帝的心头挚爱，多次拨款修缮。乾隆早也不在，亭子周边也尽是卖冰棍、烤肠、汽水的小贩，但这亭子中，却还是卧虎藏龙。放学后的王玉总能赶上晚上那一场，还没到亭子，就已经能够听到从亭子中传来的歌声与乐器声。有一个亭子是专门合唱的，有一个亭子是拉手风琴的，后来还有一个亭子是玩口琴的，从五个亭子中间穿过，各种的声音各色人等应接不暇，那时的五龙亭，就像一个小小的老北京天桥文化中心，只要有声响，围观的群众一定是人山人海。而这其中最吸引王玉的，是那唱戏的亭子。

唱戏的老大爷们，据说也是最早驻扎进五龙亭的，个个是资深票友，京剧、评剧、大鼓什么都唱，唱得京腔京韵的特别有味，不为唱给别人听，就为唱给自己欣赏。人离着老远到还没到亭子，就已经能听见京胡和三弦了。特别是一个弹三弦的老大爷，一把斑驳的旧琴，却声脆弦亮，让王玉听得如痴如醉。那一段在五龙亭听戏的时光，让王玉爱上了民间音乐和戏曲，这些中国传统的曲调和唱词，也深深地烙印在这个少年心里。1999年，王玉以优异的成绩考入了中国戏曲学院附中，第一次春游，目的地依然是北海。6年后王玉考入中央音乐学院，如今，从小在北海五龙亭听戏长大的他，已经成为中央音乐学院的一名三弦教师，而他的工作，是将这些源自五千年文明的声音与文化，托付给更多更年轻的生命。

守护"完整"的北海

见证人：祝玮

北海公园园长

· 祝玮

党的十八大以来，中国社会的发展进入了快车道，特别是在党的十九大召开后，中国特色社会主义进入了新时代，而北海公园，也正发生着巨大的变化。这座千年皇家御苑与新时代发生了怎样的交融？它的属性发生了哪些变化？北海公园现任园长祝玮，向我们展示了北海公园文保工作的新成就。

2016年3月我就任北海公园园长，北海公园作为公园在具备其公益属性的同时，作为中国传统文化重要组成部分的中国古典园林也兼具着重要的古典园林属性，所以对于北海公园的文保工作，我们遵循了"三个完整性"的工作原则，即：山形水系的完整性、文物古建的完整性和植物群落的完整性。此外还借助信息技术的发展建立了北海公园文保信息协作平台，让每一位员工自发加入文物保护的队伍中来。同时，还借助国内一流高校科研力量，建立了成熟的文物保护监测工作制度，为北海公园的文保工作打下了坚实的科学理论基础。

在现在的社会主义的体制下，北海首先是人民公园，它的公益属性决定了它的管理的方式和方法。但是在对它进行公园公益属性的管理的同时，一定不能忘记这是一个有千年传承的中国的古典园林，它承载着咱们中华民族近千年的传统文化，要保护好它，要为人民保护好它，要为国家保护好它。

2016年，在北海公园经营了57年的仿膳，正式搬离了漪澜堂，这被视为北海公园保护古建的经典案例。而这一经典案例背后，又有着怎样的努力和曲折呢？祝玮园长正是这次搬迁腾退工作的见证者。

北海公园的漪澜堂不是一个单体建筑，它是一组建筑群。是乾隆仿照江苏镇江的金山寺建造而成，采用独特的屋包山建构方式，建筑本身与观景位置都堪称一绝，是乾隆读书养性、参禅礼佛之所。新中国成立后，由于政务的需要，将漪澜堂交给了著名的宫廷餐饮企业仿膳来进行经营，为我们国家的政务接待和外交事业确实做出了很大的贡献，在新中国成立初期，发挥了它重要的作用。

但是随着时间的推移与时代的发展，漪澜堂建筑群长期不开放，成为它展示北海核心价值的一个阻碍。随着十八大的胜利召开，习总书记对文物保护重要性一再强调，北海公园从2015年起，公园就开始着手与仿膳进行协商。仿膳作为一个老字号的餐饮，它与北海的文化有着不可分割的渊源关系，他们也非常理解文保工作的重要性和广大民众对于文物保护的呼吁。于是在2016年，我们这个班子继续努力，在很多的细节上与仿膳进行了非常细致的谈判，其中最为重要的一点，就是它作为老字号餐饮，离开漪澜堂以后，到底去哪儿？

根据仿膳的历史沿革，仿膳就成立之初，就是在我们北海的北岸！那是在1925年，北海公园首次作为公园对公众开放的时候，老仿膳茶社就在北海北岸。正是由于这个历史的巧合跟机缘，促成了仿膳退出漪澜堂，迁到北海北岸。2016年的6月22号，在漪澜堂的旧址上，我们正式签署了搬迁协议，在北海公园的保护史上，确实是值得浓墨重彩的一笔，也成了十八大后北海公园践行文物保护的经典案例。

· 2016年的6月22号,祝玮园长(主席台左一)在漪澜堂旧址前,与仿膳有关负责人签署了搬迁协议(北海公园管理处供图)

漪澜堂仿膳搬迁以后,下一步的工作仍然是非常艰巨的,仿膳在漪澜堂经营了57年,由于长期的餐饮活动,内部结构已经出现了很大的变化,特别是餐饮核心区的200平方米,可以说是面目全非。在进行了一次"外科手术"一样细致的清理跟剥离工作后,更棘手的问题出现了——在重点古建文物保护修缮方案的上报审批过程中有一段等待期,方案未批但保护刻不容缓。于是我们在进行了一系列安全保障的情况下充分考虑了游客的期待心理,将漪澜堂的空档期利用起来,作为宣传漪澜堂历史沿革和漪澜堂及北海文物保护的规模性展览,非常详细讲述了当时漪澜堂建筑群在北海作为皇家御苑的功能和作用。整个展览开放以后,漪澜堂的门口常常排着很长的队伍,我自己都没想到公众对园林文化是那么地热衷,也是挺受感动的。从根本上来说,这是一个在保护好古典园林的同时如何利用的问题。利用,未必是把古建腾出来做买卖,随着我们国民素质的提高,很多公众对于园林的认识,对于中国古典园林文化求知的欲望,也是在飞快进步着的。漪澜堂的腾退工作,的确是一个非常经典的案例。

进入社会主义新时代,北海公园在群众文化生活中承载的功能也发生了变化,荡起双桨的同时,人民群众还能够从北海公园中获取到哪些文化享受呢?对此,祝玮园长有着深刻的认识。

北海作为距今已经有853年的历史的一座著名的皇家古典园林,它历经沧桑,凝聚了我们中华

·2018年11月，祝玮园长（左三）带领文物监测小组的成员进行静心斋室内文物巡查工作（北海公园管理处供图）

民族造园技艺所有的精华，而进入新时代，北海公园在群众文化生活方面承载了更多功能。

首先，作为公益性的人民公园，它是为我们的百姓在工作生活之余休闲娱乐、感受山水之美的场所。人们在公园内陶冶情操，获得蓬勃向上的力量。《让我们荡起双桨》的情结就是这一功能的集中体现，它展现了在我们社会体制下，人民安居乐业的状态。

其次，北海公园也是一个爱国主义教育的场所。在新中国成立初期的时候，很多进入北平的管理机构都在这个地方设立过工作的场所。很多党的领导人都在这工作过，对于下一代的爱国主义教育，这也是北海公园的重大职能之一。

最重要的一点，北海公园的文物古建，凝聚着中华民族的传统文化，和中国独特的东方园林艺术。这些具有中国特色的文化内核，经过千年的兼收并蓄，浓缩在这一方园林之中，最终通过北海公园传递给世界，向世界展现首都风貌。

现在，我们正处在一个新的时代，作为北海公园的现任园长，我觉得我们这些北海人有责任、有义务保护好北海的山形水系的完整性，文物古建的完整性和植物群落的完整性。我始终坚信一个民族的自信来源于文化的自信和坚守。而中国古典园林就是我们民族优秀文化的精神内核之一，我们将守望家园，守望北海，安身立命。

大事年表

1949
1月31日，北平和平解放。2月1日，北海公园正式对外开放。

1954
4月26日公园管理处与团委签订租约，租用阐福寺建少年之家，期限为5年。11月6日北海公国举办北京市第一届菊花展览，共展出菊花2019个品种，菊展历时1个月，游人达8万之多。

1955
9月29日 团城对外开放。

1956
7月7日，北海大桥改造工程竣工，正式通车。团城未受影响。8月21日国营仿膳饭庄正式对外开放。

1961
3月4日北海及团城被国务院公布为全国第一批重点文物保护单位。

1971
2月21日，北海公园停止对外开放。

1978
3月1日北海公园恢复对外开放，首日接待游人13万。《北京日报》以"古园新貌迎新春"为标题报道了北海公园重新开放接待游人的盛况。5月5日，经济植物园正式外开放接持游人。5月8日团城正式对游人开放。

1982
1月20日开设滑冰场。5月8日公园新添20只脚踏游船。

2001
被国家旅游局颁布为首批国家级旅游区（点）4A级单位。

2003
1月9日，占用双虹榭经营了10年之久的肯德基快餐北海公园店正式闭店推出。

2014
举办北海历史文化展，通过1万余字的文字资料、600余张精选照片和10余个生动视频展示了北海公园自金代以来的发展历程、园林景观及文化内涵，促进了历史文化、文物遗产事业的保护与宣传。

北海公园快雪堂书法博物馆荣获"2013年联合国教科文组织亚太地区文化遗产保护奖"之"优秀奖"。

2016
4月18日，仿膳饭庄腾退迁出漪澜堂，对漪澜堂的全面整修随即展开。

2019
北海公园开展皇家冰嬉表演30场及冬奥知识宣传活动；圆满举办西城区全民健身冰雪季，开展冰嬉表演、冰上化妆会、冰蹴球、冰龙舟等传统活动及表演，并首次举办化妆溜冰会，在丰富首都市民冬季文化娱乐生活的同时，大力宣传了冰雪知识和北海冰上文化。

北海公园的申遗工作还在紧张有序进行。

记者手记

琼岛、荡漾在太液池上的手划船、湖光山色、美树美景……从皇家御苑到百姓乐园，再到文博古园，一千个人心中有一千个北海公园。但每个人几乎都有一个共同点，就是来逛北海公园，无论哪个年代，无论男女老少，都会在湖边和白塔合个影。每一位北海公园的过路人，都留下了属于自己的记忆，或深，或浅，或喜，或悲，印在相纸，或在心底。

也许那首《让我们荡起双桨》感染了太多人，也许唱着歌划着船的快乐来得太简单直接，每个被采访者聊起北海公园脸上都会带着笑意，嘴里讲不完的故事。这里是北京孩子最纯净的儿时记忆，也是全国游人的共同回忆。时光流逝，水波未停——北海，记忆中的歌声还是那样动听，照片里的白塔还是那样白……

长安大戏院

CHANG'AN GRAND THEATRE

京韵国粹的艺术殿堂

本节撰稿： 董浩　董乐　王葳

长安大戏院
扫一扫，随时听

都说人生如戏，戏如人生

这里每天上演着悲欢离合的戏曲剧目

而戏院本身也是一出精彩大戏

它见证了来自世界各地的戏迷为喜爱的角儿共同喝彩

它见证了台上演员和台下观众一同为老艺术家默哀

它见证了默默坚守的年轻演员成为剧团的中流砥柱

它还见证了青年男女因戏而喜结良缘

让我们走进长安大戏院

去看一看舞台上不曾演出过的这台戏

回望 70 年

长安大戏院
CHANG'AN GRAND
THEATRE

北京的长安街被称为新中国第一街,十里长安街,居中的是天安门广场、人民大会堂、国家博物馆,西边有国家大剧院、民族文化宫,东边有北京饭店、中国社会科学院……而在这条街的建国门桥西北侧,还有唯一的一家老字号戏院——长安大戏院。

长安大戏院在光华长安大厦里,大厦门前立着巨大醒目的京剧脸谱雕塑,正门装饰着金色琉璃瓦,富有中国传统建筑特色,正门上方的牌匾上是五个镶金大字——长安大戏院。

仓库变身戏园子

说起这长安大戏院,那可是殿堂级别的剧院。原址在西单路口东南侧,前身是著名的日升大杠房的一个大仓库,后因萧条停业,重建后变身为"长安大戏院",并于1937年2月1日举行开幕典礼。首场演出中,奚啸伯演《失街亭》,胡菊琴演《玉堂春》,大轴戏是金少山演的《白良关》。

同年2月25日,京剧四大须生之一的言菊朋与"言家班"的言慧珠、言少朋、言小朋等在孙毓堃、裘盛戎、赵绮霞、孙盛文等协助下率先登上了长安大戏院的舞台,预演了《击鼓骂曹》《四进士》

· 长安大戏院京剧脸谱雕塑（董浩摄影）

《战太平》《霸王庄》等剧目。

同年3月31日，一代宗师杨小楼与名净郝寿臣分别以《英雄会》《桃花村》正式为长安大戏院开台演出。从此，"长安"好戏连台，名角频出，跻身京城九大戏院之一。那时候的"长安大戏院"几个字得从右往左念，大门口常常立一块小黑板儿，上面写着每天演出的戏码。

毛主席和长安大戏院的一段故事

2010年，中央文献出版社出版了孙勇中将的回忆录《在毛主席身边二十年》，其中有一段珍贵的回忆，就和长安大戏院有关。

1949年夏，毛主席高兴地对警卫员孙勇说："今天晚上我们去长安大戏院看京戏。"这天的戏单上共安排了三出戏：《打渔杀家》《法门寺》和《荒山泪》。看《法门寺》时，毛主席对孙勇说："《法门寺》里有两个人物很典型，一个是刘瑾，一个是贾桂。刘瑾从来没有办过一件好事，唯独在法门寺进香时，纠正了一件错案，这也算他为人民办了一件好事。贾桂在他上司面前，一举一动，一言一行，都是十足的奴才相。我们反对这种奴才思想，要提倡独立思考，实事求是，要有自尊心。"

· 1952年的长安大戏院外景

1950年夏季，毛主席、周总理等中央首长又在长安大戏院欣赏了李少春、叶盛章的《三岔口》，梅兰芳、刘连荣的《霸王别姬》。

拆迁风波

长安大戏院有过辉煌，也有过失落。20世纪80年代，京剧和其他戏曲一度萧条，戏院也破旧寥落了，这和隔壁排大队的庆丰包子铺形成了鲜明的对比。1989年为了市政建设，长安大戏院要被拆除了，也就在这时候，不少戏迷纷纷赶来拍照留念。而此时，吉祥戏院等老戏园子已经被拆得差不多了。之后的整整七个年头，北京人看戏、听戏都没有像样的戏院可进。

从西长安街唱到东长安街

1996年9月27日，经过几年的建设，长安大戏院在建国门内的新址重张开业。

新的长安大戏院，进门就是老照片、京剧音像书籍的展台，犹如一段戏曲历史向你铺陈开来。剧场分两层，可容789个座位，一层前排还设有26张红木条案，130把红木龙背椅，观戏的同时奉上茶水、点心，保留了老戏园子的传统习惯。

新长安大戏院重张23年间，演出将近8000场，平均每年368场，超过了一天一场的频率，平均上座率75%，共接待了约500万名来自世界各地的观众。同时，有几十个剧种、10万多名演员在这个舞台上留下了他们的身影。

这些年来，长安大戏院不仅邀请来各地方的戏曲名角儿登台献唱，每个月长安大戏院还会举办两次票友联谊会，让票友们也能粉墨登场唱主角，一些老戏曲艺术家更是在逢年过节的喜庆之余前来助兴，至此，长安大戏院真正成为戏曲界的大家庭、人民的艺术殿堂。

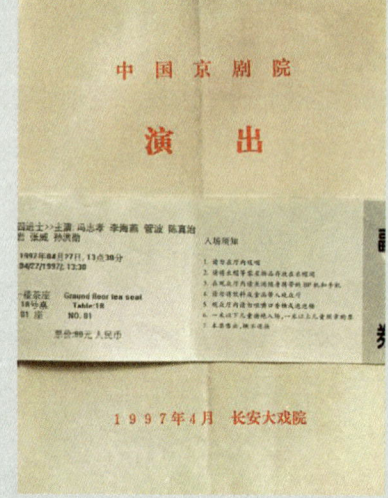
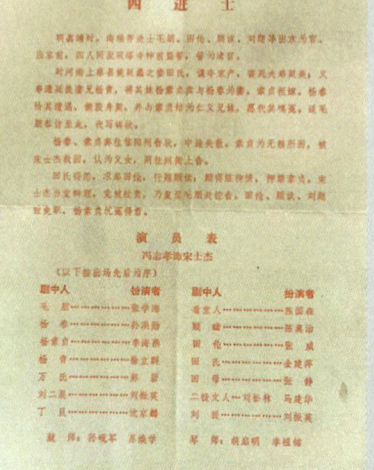

· 长安大戏院老戏单

不到"长安",怎知"春色如许"?

无论是对于京城的戏迷,还是中国的京剧事业,长安大戏院都是一块响当当的金字招牌。这个舞台,是京剧人的摇篮,也是戏迷们的乐园。

有人说"长安"有梧桐,引得凤凰来。长安大戏院邀请了全国各地的剧团来京演出,最北边的有尚长春、王红领衔的佳木斯京剧团;最南边的有关肃霜领衔的云南省京剧团;东边有言菊朋、张少楼、张德华为首的青岛新华京剧团;西面有陈永玲为首的甘肃京剧团……地方戏剧目有湖北陈伯华的汉剧《宇宙锋》;安徽严凤英、王少舫的黄梅戏《天仙配》;南京越剧团竺水招、筱水招的《柳毅传书》;山西太原晋剧团丁果仙、郭凤英的《游龟山》;山西任跟心的蒲州梆子《挂画》;西南川剧院许倩云、曾荣华的《玉簪记》等等。这些名字、剧目排在一起,已然一部现代戏曲史!正是不到"长安","怎知春色如许"……

长安大戏院观剧攻略

到北京来旅游,不应该仅仅是游览名胜古迹、吃烤鸭,更应该体验一回我们的国粹京剧。长安大戏院就根据节日、节令打造了一批"长安"的专属演出品牌——

想看名角儿的,就挑纪念演出。比如:谭鑫培150周年诞辰纪念演出,四大名旦、四大须生,以及王少楼、孟小冬等艺术大师的纪念活动等。当然,长安大戏院最为人称道的还是被称为京剧最高水准的老艺术家"九九重阳大聚会"。演唱者分为花甲、古稀和耄耋三个部分,他们大都是曾经在全国各地京剧舞台上独自挑班、叱咤风云的一代名优。重阳大聚会(演唱会)通过电视直播,不但在全国观众中引起强烈反响,而且还得到全球京剧戏迷的热烈欢迎,已经延续十余年了,成为海外游子一年中不可或缺的一道文化大餐,参与此盛会的老艺术家也以此作为晚年最大的慰藉,深得人心。

如果你是京剧"菜鸟",青年演员更有吸引力。每年的"五四"青年节,"长安"舞台上唱主角的都是30岁以下的青年演员,他们是"长安"一道青春靓丽的风景。同时,长安大戏院在每年春节会上演大戏《龙凤呈祥》《红鬃烈马》《四郎探母》,"六一"还会推出少儿京剧专场、七夕黄梅戏《天仙配》和中秋节的全球华人京剧大团圆晚会。

见证 70 年

长安大戏院
CHANG'AN GRAND THEATRE

新中国文化生活记忆

长安大戏院的落成，是一件非常大的事情

见证人：赵洪涛

长安大戏院经理

·长安大戏院"戏园子看门人"——赵洪涛

长安的舞台见证了中国京剧发展的历程

20世纪90年代的时候，北京许多文化设施都在改建，长安大戏院的落成，是一件非常大的事情。在新长安大戏院，我记忆最深的就是搞了两三年的旅游戏，也是为了走市场，能够和旅行社合作向外国游客介绍中国的京剧，但是总感觉他们跟中国真正欣赏京剧的戏迷有段距离，这样我们在1998年的时候就做了调整，我们胆儿也不小，第一场就做了一个《大探二》。

当时，我们请了北京京剧院的王蓉蓉、上海京剧院的李军和天津京剧院的孟广禄这三大头牌来演《大探二》。其实，《大探二》戏很好，但是经过这么多年，总感觉它没有什么更多的动作，全在唱。那天的演出我也害怕，就是我怕这么

多年了，这种戏没有演出了，能不能让观众来接受、欣赏？那时候也没有电脑网上售票，这只能看着售票处一张一张票的变化。没想到效果非常好，可以说是爆棚！我记得有一位老领导从北戴河开会赶回来，专程来看这出戏，就说这个戏有好多好多年没看，我再累我也得回来看，看完戏再赶回去！而且有老百姓说：啊呀！长安大戏院总算是把这些戏又找回来了，这让我们这些真正的戏迷能够看到真正的传统的京剧！也就是从这场开始，长安大戏院的经营思路逐渐变化，和很多的院团合作，把中国最优秀的、今天市面上还能够接受的一些传统的大戏，奉献给广大的观众，在长安大戏院舞台上轮番上演。

我们要有自己的品牌

长安大戏院近20年来自己搞过一些品牌，一个影响较大的就是"霜月红于二月花"，那是从2007年开始的。这些老的艺术家技艺精湛，可是年纪大了，他们再上舞台，就不如年轻人那么靓丽，有些可能因为身体原因不能演一整出戏，我们应该搞一个形式让他们也能重新登台。于是，从2007年重阳节开始，我们连续搞了十几年，一直在干。每年的重阳节就把这块舞台让给京剧界的老前辈们，有的老人可能八九十岁，好多年不唱，就从事教学，你真要他上舞台，他也心里打鼓。有的练半年，有的练一个月，天天在吊嗓子，目的就是在重阳节那天能在长安的舞台上，以他这个年龄最完美的形象来展示给观众。

我印象最深的是上海来的花脸王玉田先生，在长安舞台上演唱时，已经96岁了，好嘛，那是中气十足！唱了一段《牧虎关》，整个观众席都炸了！

到现在已经有一百多位老艺术家参加了长安的重阳节公益演出。实际上，我们的老艺术家特别可爱。我记得李慧芳老师来的时候，特别兴奋，小生、旦角一块儿唱，结果上台之前，不舒服了，心脏不太好就躺下了，我们当时每期都请来一辆救护车，也是为了艺术家的安全。我拿着药对她说：您呀，咱就歇了，咱们下期再演！人家李老师吃完药以后说："不行！我干吗来了？我来唱戏来了！艺术家死在台上也是光荣的！"又坚持着唱完一段，特别令人感动。

还有一年请山东的张春秋老师，86岁，很精神，满头白发，那种气质非常可敬。那年张老师身体不太好，刚摔了一跤，我说：如果不方便，咱们就明年再来！"别呀！我能上！我必须要参加！你只要邀请我！为什么？通过你这个舞台，也通过电视屏幕能够让全国人民都知道，我还活着！"她就是京剧《红嫂》的主演，所以说，这种艺术家对于艺术的追求，我认为也影响着众多的、现在的京剧从业人员。

我坐这把椅子整整坐了 23 年

我来长安已经23年了,在新剧场还没有完全建成之前我就到长安了!我坐这把椅子整整坐了23年,现在也临近退休了;这20多年来,我脑子里就一件事:长安的经营、长安的管理、长安哪些戏更适合于观众?长安的舞台上会怎么样?长安的观众能不能喜欢我们安排的剧目?一天到晚磕头碰脑,就是这些事情。当然,也通过这23年,我们和全国院团的著名艺术家、演员建立了一种比较好的感情。长安有事的时候,我们需要大家帮助的时候,他们都非常地踊跃。这些年也和广大的观众朋友结下了情谊,有些建议真是观众给提出来的,你比如说,会有一封信不定期地给你,长安应该约些什么样的戏比较合适,好多年没演了!您看怎么着?观众也是给我打开了思维,我们会根据观众的意见把长安的戏组织好,让观众来得更踊跃、更喜欢!长安毕竟在2009年改企了,这些年,无论是全国院团还是广大戏迷朋友都给了长安很大的支持,我说句实话,我在这儿干了20多年,每一步前行都离不开观众的支持。我想说的是,长安跟他们永远在一起。

有的朋友就问我说,你在长安那么久你也不烦吗?我说实话,在长安越干越有感情,我就是长安戏院看戏园子的人!无论往后怎么发展,我都会永远关注长安,我会更爱她,永远爱她。

· 董浩采访赵洪涛

我88岁了,我对长安大戏院很有感情

见证人:丛兆桓

著名昆曲艺术家

20世纪五六十年代,一进长安大戏院,东西墙各有五幅艺术家大照片,西墙是马谭张裘赵,东墙是韩白侯李丛,就是北京京剧团的马连良、谭富英、张君秋、裘盛戎、赵燕侠,北方昆曲剧院的韩世昌、白云生、侯永奎、李淑君、丛兆桓。1958年到1966年,长安大戏院曾经是北方昆曲剧院所属的剧场,剧院、剧场合二为一。

💬 **丛兆桓**:1958年北方昆曲剧院成立后,长安大戏院划拨"北昆"。合并了以后,一共十二个职工,成为"北昆"的组成部分,对北昆的作用和影响是非常大的,从早到晚,演员在里面培训、练功、学戏,创作研究室在二楼的小屋子里,为剧种的发展服务,还把《九宫大成》的工尺谱翻译成了简谱和五线谱。有了剧场之后,每周六晚上都有演出,星期天是日场夜场,每年有100多场演出,使得这个剧种和观众亲密接触,喜欢听昆曲的观众就到长安大戏院来。不到十年的功夫,"北昆"就依托长安大戏院,继承了100多本传统戏,折子戏616出,培养了五代演员100多人。当时长安大戏院被使用到了什么程度?夜里三点不到就有演员去练功了。

· 丛兆桓先生(中)接受记者王葳 董乐采访

长安大戏院就像是我家的剧场

见证人：王蓉蓉

著名京剧艺术家、北京京剧院九大头牌之一

· 王蓉蓉

20世纪90年代初，京剧处于低谷，长安大戏院被拆除，在许多同伴改行的时候，我还对着大衣柜练唱。新长安建成，我们这一代人，可以说是在长安大戏院成长起来的。伴随着这一代演员的成长，我几乎每年初一都在此演《龙凤呈祥》，这是每年初一的吉祥戏码。也大约有两代至三代，甚至四代戏迷成长起来，京剧追星族的特点是持久性的，一辈子就认自己喜爱的角儿。

一提长安，就好像是我们家的剧场一样。长安的这些工作人员，比如保安、看车的、打扫卫生的阿姨，都跟我特好，都跟我熟。

我们在老长安大戏院演出机会很多，基本上每个月都有。那时候就有一批老观众，到现在为止，已经是第四拨戏迷了。只要一公布卖票，他们就排队，要买一排的票。

卖票的工作人员都知道，只要有我的演出，他们肯定来买第一排的，因为他们年纪都大了，有的还拄着拐棍，所以出入座位也不方便，他们就特

· 王蓉蓉主演《龙凤呈祥》（洪业摄影）

· 王蓉蓉主演《四郎探母》（洪业摄影）

别希望在第一排看。所以票房的那些工作人员也都知道，只要有我的戏，一排这些好的20多个座位就给他们留着不卖，他都认识这些人。卖都从第二排往后卖，其他人来的往后买。后来戏迷之间选一个代表，只要有我的戏就把票全买下来，其他人就不用来买了，因为他们年纪大，这场你买，下场他买，就这样轮换着。

大年初一我几乎都在长安大戏院演出。有一年初一演《刘罗锅》，上午走完台以后，中午吃一口汉堡赶紧化妆，下午1点半《龙凤呈祥》演出开演；《龙凤呈祥》演完了以后，妆不能卸，再吃一个汉堡，晚上7点半开始演《刘罗锅》三本，到夜里我才回家。

长安大戏院是我的福地

见证人：胡文阁

著名梅派青衣、北京京剧院男旦头牌

· 胡文阁

说起长安大戏院，首先它是我的一个福地。2004年，梅大师诞辰110周年时候，第一部交响京剧《梅兰芳》在长安大戏院首演，我饰演戏中戏的梅兰芳先生，也就是梅兰芳先生所扮演的杨玉环等角色。专家同行乃至观众，在那次演出中认知了我，给了我一个基本的肯定。也是通过这出戏，我以特殊人才的资格进入了北京京剧院，当时是吴仪副总理亲自把我调到北京京剧院的。2004年年底我正式成为北京京剧院的一员，成为梅兰芳京剧团的一员。

2005年国庆节，我在长安大戏院，师父梅葆玖先生带着我演《凤还巢》。那也是师父第一次跟我同台演出，一方面提携我，一方面我跟师父在一起演出，又能学到很多东西。那是很有意义的一个演出！

2013年我被北京京剧院评为男旦头牌，个人专场演出在长安一口气演了四场：《穆桂英挂帅》《凤还巢》，梅派折子戏，经典的三出戏：《天女散花》《西施》《贵妃醉酒》，最后是一

·2005年《凤还巢》剧照,胡文阁第一次与师父梅葆玖同台。(胡文阁提供)

·2013年胡文阁"个人专场演出",梅葆玖指点胡文阁。(胡文阁提供)

场是交响乐《太真外传》!这四场演出是我人生第一次个人专场,对我以后的艺术发展道路奠定了一个基础。

2016年的5月2日那一天,在长安大戏院演出《红鬃烈马》。其实我心里很复杂,因为第二天师父出殡,而且师父弥留之际的一个多月,我每天就睡四五个小时,筋疲力尽,那场演出我真的是咬着牙用浑身的力气把这场演出演完的。等拉开幕布谢幕的时候,我已经泣不成声,我们所有的演员和观众面向西,朝协和医院的方向,向师父三鞠躬。

每一个演员都离不开戏迷,戏迷是你的基础、你的源泉。上个月我突然腰椎病犯了,翻身都翻不了,但4月27日是我师父逝世三周年的一个纪念演出!演出前一天我在医院打了封闭,医生告诉我这个药也就是六个小时。当时车开到长安大戏院,好多观众在门口,有给我拿膏药的,有拿护腰的,有拿艾灸的,不知道他们从哪里听说的。

演出完后,很多观众都在门口等我,我一出来,一堆人上来就扶着我,目送我上车。这就是戏迷对一个演员的最大奖赏,所以我们要好好努力,不要辜负戏迷对我们的期望。

长安大戏院对我来说意义不凡

见证人：李林晓

北京京剧院程派青衣

我是来自北京京剧院的青年程派青衣演员李林晓，今天晚上我在北京长安大戏院演出《红鬃烈马》，我扮演王宝钏！七年前我第一次在长安大戏院的舞台上以主演的身份登台，就是演的《红鬃烈马》，所以今天还是蛮巧的，一个小小的轮回，又演了同样的角色同样的戏，所以，长安大戏院对我来说意义不凡。

我们从小到大就耳濡目染着前辈艺术家在这里的艺术示范！长安开台的时候，我的恩师张火丁老师和张春华先生在这里演了一出《秋江》，当时我们很小，才五岁，长大之后看到这个视频，太震撼了！

七年前刚进剧院的时候，我们会去很多地方演出，台下寥寥无几的观众，大家在打瞌睡。我当时想，干吗要坚持？大家都不看！后来，全国又掀起了我老师的"张火丁现象"，为什么能形成这么大的对比？这个困惑从哪儿解开？想清楚了，还是艺术魅力的问题，艺术质量的问题！如果艺术质量不达标，在这个社会上当然是没有竞争力的，所以我的困惑来源于我的方向没有把握准，还有我的努力不够。没有方向，努力根本就是白费！七年前的困惑在我一路走来的今天已经烟消云散。我现在认为，只要有一条正确的道路，不用怕外界说你这个东西现在没人看了，你不要坚守了。没有！我认为这个东西永远是有价值的，酒是陈的香！所以只要把自己的艺术修为做好，所有的困扰就不会成为困扰，你就会向艺术更接近，离它近一点就没有那么多私心杂念。我感谢老师的提携，也感谢长安大戏院这片乐土，能让我们见证前辈们的光辉艺术历程，然后激励自己往前走，走下去。

· 李林晓《春闺梦》剧照（李林晓供图）

长安让所有京剧人，都能在这个舞台上有所收获

见证人：王宁

北京京剧院言派新秀

·王宁

我是北京京剧院青年团的言派老生演员，我跟长安大戏院的感情是在我进到北京京剧院工作以后。毕业时才21岁，到京剧院两年后就开始演大戏。在长安的第一出大戏，是在2014年3月份，言派失传舞台已久的一个全版的《卧龙吊孝》；当时觉得作为京剧演员，尤其是刚毕业没多久的年轻人，能在长安大戏院的舞台上演出，机会特别难得。据我所知，之所以有这么多的年轻人能在长安大戏院登台，是因为他们给予年轻演员低于市场价的场租，能够让我们这些青年演员更好地发展。作为青年演员如果只跟老师学而不演，就好像只是吸收却没有把自己所学的东西带给观众，更别说什么发展、传承这些事了。

在长安大戏院成长起来的演员太多了，这是一个最高的展示平台。我们这一次《魅力春天》展演，票房卖得还都不错。就像我们今天的这场，一楼的座位到目前为止，已经卖了七八成了，这对于年轻演员真的是一个很大的鼓励。

现在，在剧场看到的一些观众，有很多年轻的面孔，就拿我今天的演出，有一位观众是专门从西班牙来的，我在微博上发了一个演出公告，他就真的开完会后，赶到北京来看我的演出，晚上11点多的飞机再飞回去！其实这样的观众也不在少数，有的时候在前台看一眼，在后台看一眼，会碰到很多老戏迷，他们常年都在这儿看戏，基本上只要我来，都能看到很多熟悉的面孔，有时候他会向别人介绍："这个小孩，我好几年前就看他的戏，看着他进步的，有些戏我都能背下来！"

长安，让所有京剧人都能在这个舞台上有所收获。

我两岁就开始看京戏

见证人：蓝天野

著名话剧表演艺术家、92岁老戏迷

· 蓝天野

我小时候就跟着大人看戏，当时也不太懂，比较喜欢的就是武打、脸谱什么的，后来慢慢能看懂一些，也知道唱腔、生旦净末丑是怎么回事了，从名角一直看到当时的科班。当时北京有两个科班，其中一个富连成，就有喜、连、富、盛、世、元、韵、庆、福、增（等若干科），后来庆、福、增就基本上没有办完。

当时还有一个中华戏曲专科学校，第一任校长是我们北京人艺总导演焦菊隐先生。他那年才29岁，他做了一些改革，开始收女学生！在这之前没有，富连成就没有。当时这个旦角都是男的，四大名旦全是男的。从中华戏曲专科学校开始招女生。所以当时我的印象中，他有一个叫德、和、金、玉、永的排辈，玉字辈很多，我们曹禺院长后来的夫人李玉茹，就是中华戏曲专科学校玉字辈儿的！当然那一代人现如今大部分都不在了。

去年，我到谭元寿家里去看望他，我跟他认识比较早了，是在1957年。那时我在表训班学完之后回到剧院，我办北京人艺在职演员学习班，我最后选了一个剧目，叫《名优之死》。当时，我们到很多京剧院团和戏校去体验生活，那时候剧团还有民营的，完全是老式的戏班子。当时谭元寿跟我们都是同龄人，元寿比我小一岁。

我觉得京剧界也就是梨园行，最好的品质是讲仁义，从人品上做了很多好事。他们这一代、更早一代谭元寿的父亲谭富英先生他们，人品也都是非常值得敬佩的。

京戏，最早看的是热闹，后来逐渐看得多了，才能够稍微看明白一点。

我们因为戏曲最终走到了一起

见证人：耿明

长安大戏院工作人员

我在长安工作四年多了，我本科和研究生都在戏曲学院上的，我爷爷那辈儿就非常热爱京剧。爷爷是拉京胡的，我妈是唱小生的，受他们的熏陶，能来到长安工作也是一种缘分。

我带女朋友看的第一场戏是《西厢记》，我们上学的时候都学过这篇课文，叫《长亭送别》，说的是崔莺莺送别张生考学这么一个故事。女朋友觉得特别好，之前她一听皮黄、一听胡琴就不感兴趣，自从看了这出戏，才深深地爱上了这种传统的艺术形式，所以说传统艺术是可以感染任何人的。当然，我们也因为戏曲最终走到了一起。

长安大戏院到现在已经有80多年的历史了，不仅仅是对长安的感情，我对戏曲的感情，对京剧的感情也非常深，长安跟京剧是一体的，我对能在这工作感到非常荣幸。京剧是传统而古老的，在新时代，它仍然焕发着无穷的青春魅力，同时，它还是有生命力的，我愿意跟长安一起，跟京剧一起，见证我们传统文化的发展历程。

我是90后，一个月能来长安两三回

见证人：徐欢

北京90后戏迷

我是1994年出生，从14岁就开始看戏，十多年了，比较喜欢程派、余派、马派，这次主演是程派和言派。言派我是后期才了解的，现在唱言派的比较少。北京新兴的演员中，王宁是近几年非常出色的。之前听了他几场戏，感觉非常好，而另一个主演，也就是演王宝钏的李林晓，她是张火丁人才研习班的一个比较优秀的学员，他们两个演员本身很优秀，这个剧各个流派的我基本都看过，今天来看一下言派和程派，他们到底合作是什么样子，能擦出什么样的火花。

我经常来长安看戏，一个月两三回的频率，大部分是自己买票，杜镇杰的戏几乎都买。观众席上像我这样的年轻人，二十五六岁样子的，也是挺多的，尤其喜欢程派的比较多。京剧走到今天，创新才是发展的动力，之前一些老艺术家他们是勇于改革的，包括排新戏或者反串都很精彩。

大事年表

1949

新中国建立,梅兰芳受邀进京出席全国政协会议,当时他已经阔别北京近20年了。长安大戏院排定梅先生《苏三起解》《宇宙锋》《霸王别姬》《凤还巢》《贩马记》五出戏,十场戏票当天销售一空。

1950

夏季,毛主席、周总理等中央首长在长安大戏院欣赏了李少春、叶盛章演的《三岔口》,梅兰芳、刘连荣的《霸王别姬》。

1957

1月3日,北京京剧团成立。当日在长安大戏院举办合团公演《龙凤呈祥》,被观众称为"天下第一团"。

1960

赵燕侠率领的"燕鸣京剧团"加盟北京京剧团,与北京的梅、程、荀、尚四个团和北京实验京剧团合并成立北京京剧院,主要演员有谭元寿、梅葆玖、吴素秋、赵荣琛、王吟秋、马长礼、李元春等。

2019

重张23年来,新长安大戏院已经形成四大演出品牌——"五·四"青年节京剧演唱会、"天涯共此时"——全球华人中秋京剧演唱会、"霜叶红于二月花"——九九重阳节京剧老艺术家演唱会,以及每月一期的"走进长安戏曲之门"——京剧票友联谊会。

2017

10月1日至8日,长安大戏院为庆祝建院八十周年举办了盛大的纪念演出活动。

1996

新长安大戏院迁至建国门内大街7号。9月27日,"中华长安戏剧文化周"在"长安"开幕,这也标志着新长安大戏院重张开业。

新"长安"开业伊始就先后制作改编了京剧《白蛇传奇》,作为长安大戏院重张后出品的第一部旅游剧目。

1989

为了市政建设,位于西单的老长安大戏院被拆除。

1962

8月李万春领衔的"鸣春社"重新登上长安大戏院舞台。由于场场客满,观众一再要求加演,以至于从夏天一直演到春节仍欲罢不能。

记者手记

这之前我也接触过京剧,但是沉不下心来,总觉得隔层纱似的神秘,这次采访历时一个月,我们台前幕后忙着采录,却意外寻得一片"桃花源"。演员的化妆间永远摆满了鲜花和礼物,都是来自天南海北的戏迷相赠,还有一位戏迷甚至从西班牙赶来,看完戏后再连夜飞回去……这个时代,还有那么多人执着于戏曲艺术并视若珍宝。正如李林晓所说:如果你的艺术不吸引人,那是你的艺术不到位!

"芙蓉塘外有轻雷",这些个日子,我真正看懂了京剧。

· 董乐在长安大戏院采访

中山音乐堂

FORBIDDEN CITY CONCERT HALL

蝶舞花香乐飞扬

本节撰稿: 冯会玲　伍珂

中山音乐堂
扫一扫,随时听

毗邻天安门城楼

与天安门广场遥遥相望

身处皇家园林深处

默默厮守着最美的音符

中山音乐堂

在花香中熏染

成了世人艳羡的中国古代园林中的音乐宫殿

尼采说，如果没有音乐，生活就是一个错误

中山音乐堂历经 70 余载沧桑

从破败不堪到华丽转身

从未远离音乐的滋养

音乐家在这里找到梦想的安放之所

孩子们在这里种下音乐的梦想

一年又一年

一代又一代

一场又一场

这里的音乐

始终浸透着花香

描绘着生活最美的模样

回望 70 年

中山音乐堂
FORBIDDEN CITY
CONCERT HALL

屈辱中诞生

中山音乐堂是伴着日本侵略者侵华的铁蹄声建立的。太平洋战争爆发后，日本侵略军大本营秘密颁发的《对支宣传策略纲要》里提到："忽视宣传工作，就难于在战争中取得胜利。"当时日本侵略者设在北平的新民会除了收集各方面的情报外，同时还有对中国人民进行奴化教育、欺骗宣传等任务，就是在这样的历史背景下，音乐堂的建造被日本侵略军提上议事日程。

经过4个多月的施工，1942年11月9日召开了所谓的竣工纪念大会。这个演出场所因为是要"弘扬新秩序阵营之雄放的歌声"而建，所以定名为北京市音乐堂。

1949年1月31日北平和平解放后，军管会所属的文管会接管全市影剧场业的工作。彼时的音乐堂保持着初建时的原貌，极为破败简陋。最前面有两扇栅栏门，剧场四周的铁丝篱笆已残破不全。篱笆内是一圈长满树木的土岗，中间是一块凹形场地。露天的观众席是在一个个砖砌的方台上用木板条搭成的座位，一共可容纳5000人。砖围土填的舞台台面破烂不堪，人字形台顶是铅铁板和灰土搭盖，屋檐前写有"音乐堂"三个字。当时中山音乐堂最为引人注目的是舞台后半部分的"反

·如今的中山音乐堂

声墙",这面墙的形状宛如一个巨大的空心球被切成四等分,其中一份切口朝前放在舞台上。这样的设计可以让声音传播较远的距离,类似手电筒反光碗的聚光作用。舞台左侧的观众厕所因无人管理秽物横流,舞台后面有几间可用作化妆室的日本式平房。

新中国成立后的新生

1950年春季,中山音乐堂开始第一次修建,修补了铁丝篱笆,粉刷了房屋,修整了厕所。

在音乐堂的最前面盖了两处面向观众席的房屋,两处均为三间通连,分别用来做办公室和服务员的休息室。两房相距约10米,中间修建了圆形售票室,售票室两侧各有约4米宽的观众通道。

为了能接待大型节目的演出,扩大了舞台面积,台前首次增建了乐池。舞台两侧各建起一座8米多高的两层小楼,每座小楼上、下各有一个窗口面向观众席。1951年3月又在观众席铺了水泥地面,换上长条靠背椅。经过此次修建,音乐堂基本具备开展营业演出的条件。

1950年的秋天，由李伯钊编剧、焦菊隐导演，北京人民艺术剧院在音乐堂首次演出大型歌剧《长征》，于是之在剧中扮演毛泽东，这也是党的领导人艺术形象第一次出现在舞台上。

新中国第一个"六一"儿童节

1950年6月1日，首都5000多名少年儿童参加了在音乐堂举行的庆祝新中国第一届国际儿童节大会。会场周围插满了五星红旗和少年儿童队的队旗，在华的苏联、朝鲜、匈牙利、罗马尼亚、捷克斯洛伐克等兄弟国家的小朋友和母亲们也应邀出席。

大会首先通过了毛泽东主席、朱德副主席和斯大林为大会的名誉主席。大会执行主席、12岁的少年儿童队员蔡湘致开幕词后，播送了朱德副主席向大会小朋友们讲话的录音，中国人民保卫世界和平大会委员会主席郭沫若还为小朋友赠了诗。

音乐堂开始大量演出的功臣

在音乐堂接管后不久，著名的昆曲表演艺术家白云生先生曾找到当时音乐堂的负责人，表示他可以跟梨园行的很多好朋友联系来音乐堂演出。此后，著名演员荀慧生及其学生童芷苓、童宝龄和谭富英、裘盛戎、言慧珠等艺人陆续被介绍到音乐堂演出京剧。

白云生先生又去河北省高阳、新城等县请来了已经开始务农或做小买卖的侯玉山、侯永奎、韩世昌等人，在北京排演了昆曲《林冲夜奔》、《千里送京娘》、《钟馗嫁妹》等，这为日后建立北方昆曲剧院打下了坚实的基础。

解决"雨来散"难题

20世纪50年代，人民大会堂等许多大型活动场所尚未建成，除了各种文艺团体演出外，中央和市级很多高层次的政治、艺术活动也都在中山音乐堂举行。据老经理乔世桓介绍，50年代，每年在音乐堂举行的政治和艺术活动各占一半。除毛主席之外的中央领导，大都在音乐堂出席过大会或观看过演出。解放后和建国初期的几年里，很多中央和市级首长常到音乐堂出席会议或作报告，但由于音乐堂是露天剧场,就出现了"半年闲"和"雨来散"的问题。

1955年7月初的一天,中共北京市委党代会正在音乐堂召开时,突然下起了大雨,代表们慌忙找地方避雨,甚至有代表滑倒在地,事后大家都表示应该重建音乐堂。不久,按照时任北京市市长彭真的指示,由北京市财政局拨款,北京市一建公司负责施工,音乐堂重建工程于1955年10月启动。

这项工程设计是由国内素有"南朱北赵"之称的著名建筑师朱兆雪、赵冬日合作完成的(二人曾参与人民大会堂的工程设计)。为了充分利用原有面积,他们在设计上打破常规,整体建筑以坐东北朝西南的方向呈扇形展开,由钢筋混凝土结构的梁架建起的观众顶棚高达16米,面积1600余平方米。台口宽度为17.8米,高8米,远远大于一般剧场的台口。顶棚从台口往前,纵向深度为33米,横向取中的跨度为48米,采用钢筋混凝土梁架结构建成。

装修天花板后,厅内见不到一梁一柱,观众的视线良好。大厅三面无窗无墙,边缘由18根直径为1米的巨大垛石圆柱支撑,观众厅改建成台阶式的水泥地面,并安装了3100个单座折叠椅,最前排和最后排的水平差为3米。

高超的建筑艺术和半露天式的独特风格,使重建后的音乐堂得到了国内外众多建筑专家的称赞。重建工程于1956年4月竣工,从此结束了"雨来散"的尴尬,也让观众从此免遭日晒雨淋之苦。

京剧界难以复制的一次盛会

1956年8月31日和9月1日,新成立的北京市京剧工作者联合会举行第一届会员代表大会第一次会议。会议选举出梅兰芳、程砚秋、尚小云、萧长华、郝寿臣、白云生、马连良、谭富英和叶盛兰等43人组成的常务委员会领导会务。

9月1日晚7点半,音乐堂举办了盛大的纪念演出活动。这次盛会由10个民间职业剧团和国营剧团共103位演员联合演出。演出的剧目包括京剧传统剧目《八蜡庙》《锁五龙》和《四郎探母》。主要演员有:裘盛戎、谭富英、马连良、谭元寿、张君秋、尚小云、李和曾、陈少霖、孙毓堃、李泗广、马长礼、虞俊芳、钮荣亮、黄元庆、郝寿臣、李小春、王福山、钱宝森、李万春、梁益鸣、李韵秋、筱翠花、姜铁麟、马崇仁、慈少泉、高宝贤、刘雪涛、闵兆华、吴素秋、奚啸伯、萧长华、马富禄、姜妙香、马盛龙、李多奎、李砚秀等。

著名老生马连良、谭富英、奚啸伯、李和曾、陈少霖在《四郎探母》中先后扮演杨四郎；四大名旦之一的尚小云为了提携后辈，把铁镜公主一角让给学生吴素秋和张君秋，而自己饰演萧太后；著名三花脸马富禄告别舞台多年，和已79岁高龄的萧长华在剧中先后扮演国舅；67岁的著名表演艺术家姜妙香扮演十几岁的杨宗保，嗓音稚嫩动听，技艺不减当年，令观众大喊过瘾，掌声雷动。

为了满足广大戏迷们的迫切要求，大会主席团决定9月3日晚在音乐堂加演一场，让观众兴奋不已。

这场在重建后的音乐堂舞台上的演出聚集了梨园行多位大家，技艺之高、名家之多，在京剧史上极为罕见，不曾有过，也很难重现。

第三次改建

1980年以前的音乐堂，建筑形式虽有很多优点，但靠外沿很大一片观众席却挡不住暴风雨的袭击。每年从10月中旬至次年的4月中旬，将近半年的时间因天冷不能营业。党的十一届三中全会后，广大人民群众对文化生活的需求日益迫切。在文化部和北京市文化局的关怀和支持下，先后筹资近300万元人民币，从1980年底至1983年初，对音乐堂进行了为期两年多的改建。经试用，发现了一些不完备和不理想的地方。为此，1986年5月至1987年4月再次进行了改建。音乐堂的发展建设在解放后达到了第二高峰。经过改建，变成了封闭式剧场，摘掉了"半年闲"的帽子。

剧场前有100多平方米似半月形的小广场，水泥砖墁地，被黄杨灌木组成的矮墙围绕，并有五条甬道伸向公园内不同方向的各个景区，像上弦月射出的五条光束。宽阔的观众厅有两道屏风式的墙体把观众厅与两侧的休息厅隔开，三厅全部是水磨石地面。2100个宽大的人造革软椅十分舒适，厅顶是辐射式轻钢龙骨构架，上面安装了现代化的照明灯具和送风口。舞台换上了新台板和自动化吊杆，添置了立体声音响设备，现代化的放映设备可全天为观众服务，中山音乐堂至此变成了封闭式剧场。

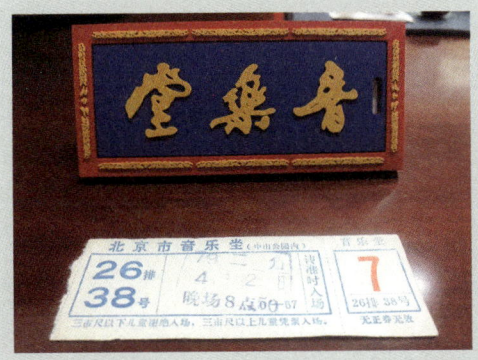

· 中山音乐堂早期演出票

· 1957年的中山音乐堂节目单

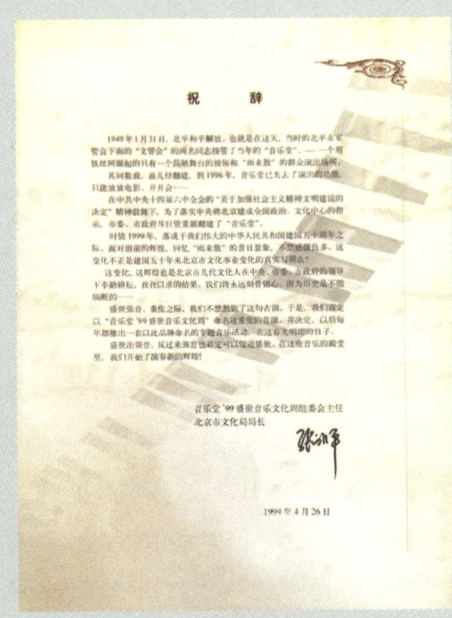

· 中山音乐堂1999年重张节目单——祝辞

· 中山音乐堂1999年重张节目单封面

华丽转身为综合性剧场

第三次改建后的音乐堂成了一个综合性剧场，音乐、舞蹈、戏曲、歌剧、舞剧、曲艺杂技等文艺团体这里都接待过。艺术活动也很多，如元旦至春节期间的拥军优属、拥政爱民活动，每年的"三八妇女节""五一劳动节""五四青年节""六一儿童节"国庆节等节日，从中央至市、区局各级党政机关及工、青、妇等群众组织和民主党派，大都会在这里举办庆祝活动。

当年，一些电影的首映式及导演、演员与观众的见面会也多安排在这里举行，如《青春祭》、《日出》《高山下的花环》《谭嗣同》《野山》《少年犯》《亚马哈鱼档》等。每次见面会，演员们还为观众表演精彩的小节目，并征求观众对影片的意见。这种活动，增进了演员与观众的感情交流，对电影事业的发展也是一个推动。1987年11月7日，法国著名影星阿兰·德隆到音乐堂与观众见面，并带来了他主演的《警官的诺言》，在首都青年中引起了轰动。

由于音乐堂地处天安门地区，大型庆祝活动仍比一般剧场多。比如 1985年和1986年的"五一"游园活动，音乐堂作为中心会场之一，总有中央首长与首都人民一起共庆这一盛大节日。1987年9月召开的党的第十三次全国代表大会期间，为慰问大会工作人员，在这里举办了十一场电影招待会。历届的全国人代会、全国党代会，中山音乐堂都承担着同样的任务。有时，这里还举办招待代表的文艺晚会。1987年9月举办的中国第一届国际艺术节，这里是演出场地之一，因圆满完成任务而受到了文化部的表彰。

进入90年代，音乐堂参与了两次大型演出活动。1990年亚运会期间，这里是北京第十一届亚洲运动会艺术节的重要演出场地之一，先后接待了中国戏曲名家演唱会、广东省湛江歌舞团、中国民族华侨艺术团、中国轻音乐团、南京市小红花艺术团等。1990年12月至1991年1月举办徽班进京200周年纪念演出时，又先后接待了中国京剧院、北京京剧院，以及江苏、山东、湖南、天津等地方的京剧院团。此外，还特别接待了以王海波女士（裘盛戎之徒方荣翔的弟子）为团长的台湾新生代剧坊的演出。在《秦香莲》中，王海波女士饰包拯，嗓音宽厚宏亮、苍劲挺拔，裘味浓郁，表演潇洒大方，一派大丈夫气概，观众不时爆发热烈掌声，这也是海峡两岸艺术交流的典范。

·80年代的中山音乐堂（中山音乐堂供图）

京城老字号音乐厅打开艺术之门

1997年北京市委、市政府斥巨资重新翻建音乐堂。走过了半个多世纪的风风雨雨，1999年4月，重新翻建落成的音乐堂展现在北京百姓眼前。它的定位就是一座专业的古典音乐厅，而从那时候开始，中山音乐堂就成为北京交响乐团的主场。当时，北交在这里拉开了"盛世音乐文化周"的帷幕，这个品牌也一直延续到今天。作为专业音乐厅，在保证最高音乐水准的同时，它也是世界了解中国的一个窗口。直到今天，数不清的世界名团名家都在这里演出过。

在古典音乐还不是很普及的上世纪90年代，中山公园音乐堂为许多人打开了音乐启蒙的第一扇大门。二十年来每年暑假期间都要举办以孩子艺术欣赏和体验为主要方向的"打开艺术之门"活动，至今已演出千余场音乐会，平均上座率达85%，秉承"高水准、低票价"的宗旨，吸引了百万多人次走进中山音乐堂观看。"打开艺术之门"这个中山公园音乐堂的口碑之作，已然成了北京一块响当当的艺术招牌。

· 2019 "打开艺术之门" 琵琶夏令营

见证70年

中山音乐堂
FORBIDDEN CITY
CONCERT HALL

新中国文化生活记忆

堂内唱戏，堂外叫好

见证人：李韵秋
著名京剧表演艺术家

见证人：李崇善
著名京剧表演艺术家

· 李韵秋舞台剧照（李韵秋家人供图）

中山音乐堂最初还只是个露天剧场，演出一旦碰上刮风下雨，就不得不中断，被人戏称为"半年闲""雨来散"。1956年4月的音乐堂，刚刚在时任市长彭真同志指示下经过重建，大厅三面无窗无墙，半露天式的建筑风格，花香也飘得来，喜鹊也飞得进，观众抬头即可见月，下雨不必散。

1952年，12岁的李崇善考入北京私立艺培戏曲学校，那时候，他们会在老师的带领下到音乐堂看戏；1959年毕业分配到梅兰芳京剧团

· 李崇善（饰林冲）（李崇善供图）

· 中山音乐堂东门

后,他经常在中山音乐堂的舞台上演出,在他的记忆中,音乐堂这独特的构造让不少戏迷过足了戏瘾!

💬 **李崇善:** 有很多朋友说,我今天在音乐堂外头听了一出戏!我说你怎么听?他说我没钱买票,我就在边上听那跟"话匣子"一样,这样听一出戏。那时候是京剧热。

1953年,李韵秋与兄长李元春组织春秋京剧团,1957年加入北京青年京剧团。当时,剧团每天白天就在中山音乐堂彩排、练功,晚上演出。中山音乐堂里,留下了她最辉煌的舞台记忆。

💬 **儿子孙健鹏:**《三打白骨精》是跟谁一块合作的?是不是舅舅?

💬 **李韵秋:** 舅舅。

💬 **孙健鹏:** 叫什么?

💬 **李韵秋:** 李元春。李元春是我哥哥,我的亲哥哥。那个时候我们这出戏就是挺拿手的。

💬 **孙健鹏:** 戏里边的一套武打动作,就是在音乐堂当时的舞台上创排出来的。

60多年过去了,李韵秋先生已经不记得自己今年86岁,不记得音乐堂当初的样子,生命中的诸多往事不知道消失在记忆的哪个角落。只是当年和哥哥李元春在中山音乐堂一起演《三打白骨精》的唱词,却能记得一字不差,唱词之间的间奏,都记得清清楚楚,一拍不乱。在采访中,她面对话筒,边拍膝盖打鼓点边唱《三打白骨精》的唱段,有板有眼。忘记了岁月短长,却不曾忘记唱了一辈子的戏,这就是李韵秋对京剧的挚爱。

一场空前绝后的梨园盛宴

见证人：李玉芙

京剧表演艺术家，梅派青衣

李玉芙出身京剧世家，当年，父母早亡，她小小年纪就在哈尔滨京剧团当学员。梅兰芳先生到哈尔滨演出，特意给她留下路费，使得她有机会到北京艺培戏校读书。在戏校读书的时候，她就在中山音乐堂看到了一场空前绝后的梨园盛宴。

💬 **李玉芙**：当年在音乐堂那天，我觉得在历史上也很难得，可以说空前绝后。四大名旦、四大须生，还有好多名人联合起来演《四郎探母》。我们那时候还上学，我记得那次我是站在观众的后头，没座。哪有座？站那儿，个子小，就找缝。听听，偶尔能看到一点。

那是1956年的盛夏，北京的京剧工作者在原来梨园公会的基础上，改组成立北京市京剧工作者联合会。为了庆祝"京联"的成立，决定8月31日、9月1日两天在中山音乐堂举办庆典演出。那两晚的演出，3100个折叠椅，座无虚席，所有的空地，全都站满了人。

💬 **李玉芙**：《四郎探母》首先是李和曾先生演四郎，张君秋先生演铁镜公主。那时候张君秋先生特冲，那嗓子特好，特漂亮，就如同他刚成为四小名旦的时候，哎呀，扮相也漂亮。完了第二场再一上，好家伙！我又吓了一跳。四大名旦，尚小云先生饰演太后，太后一上来，嗬！那叫好声啊！尚派的唱法，刚劲很大，很强的老的唱法。哎呦！一句一个好，观众那叫一个热烈。尚先生演的太后，我第一次这么伸着脖子看的。

李和曾、奚啸伯、陈少霖、谭富英、马连良是先后出场的五位杨四郎；尚小云先生为了提携晚辈，让两位学生张君秋和吴素秋分饰铁扇公主，67岁的著名表演艺术家姜妙香扮演十几岁的杨宗保，79岁高龄的萧长华扮演国舅……三个多小时的演出，各路名家使出浑身解数呈上教科书般的演唱，观众的叫好声似浪涛般层层相叠。台上唱得酣畅淋漓，台下听得过瘾入迷。在新中国即将迎来8岁生日的前夜，中山音乐堂见证了那个时代京剧最辉煌动人的时刻。

开放包容的舞台

见证人：崔宁

北京人民艺术剧院原副院长

崔宁是中山音乐堂的常客，他在这里看过电影，听过相声，70年代初和同学上舞台表演过样板戏，而最让他感动的是，中山音乐堂把舞台毫无条件地留给一群面朝黄土背朝天的民间老艺人，他们带来的是"最古老的摇滚乐"——华阴老腔。

💬 **崔宁：** 2006年的春末夏初，北京人民艺术剧院排了一出戏叫《白鹿原》。当时这帮老腔的艺人在第一轮演出之后，把他们留在这里，又把他们的曲目丰富之后，编排了一台音乐会，演了两场。濮存昕主持，北京音乐界的很多人都到这里来观看。要没有这么一块圣地，让他们在这里做一个专场的演出，没有人会知道老腔的真面貌。

· 李玉芙（李玉芙供图）

· 崔宁（崔宁供图）

中山音乐堂：
我梦想起飞的舞台

见证人：宋飞

二胡演奏家，中国戏曲学院副院长、
第八届中国音乐家协会副主席

· 宋飞在演奏中

1985年的5月，16岁的宋飞第一次登上中山音乐堂，演奏父亲宋国生为她量身定制的二胡曲《燕赵春潮》。

记者：第一次看到音乐堂的时候是什么感觉？

宋飞：就觉得舞台大，那时候年纪小，就会觉得舞台好大，有很多自己平时在广播里才能听到的那些名人，他们也都来了。我记得有一张照片就是我跟张绍先生照的，他是一个非常有资历的比我父亲还年长的老一辈二胡演奏家和教育家。我那个作品确实表现了燕赵大地春天到来时候的景象，里面的风格韵味都很浓郁，技巧非常难，演奏到最后观众非常热烈，我们还要返场谢幕，所以感觉非常地兴奋。其实那时候也就埋下了一颗种子：我以后要到首都来读书。

两年后，宋飞如愿以偿，从天津音乐学院附中考入了中国音乐学院器乐系，来到了北京。之后，她带着二胡走出国门，获得一个又一个大

· 宋飞—张晔师生音乐会

奖。再后来她也和父亲一样，当了老师。转眼间，已是20个春秋闪过。再次站在中山音乐堂，看大大小小的学生一起上台，当年心中的大舞台再也没有了空旷的感觉。

2019年5月10日，宋飞、张晔师生胡琴名曲音乐会暨宋飞从教20周年音乐会在中山音乐堂开启。

💬 **宋飞**：我特别选择了我在音乐学院培养的第一批学生的代表张晔跟我同台，来呈现我从教20年的回顾。在一直不间断的舞台上，我们师生二人一直在比肩而行，今天的音乐会呈现了我们师生两代人共同追求的二胡音乐梦想，也呈现了我们共同探索的成果。

为孩子们
打开艺术之门

见证人：盛原

中央音乐学院教授、钢琴家

· 盛原

盛原的父亲盛明亮是小提琴家，母亲吴文俊是钢琴家，父母常常跟随中央乐团在中山音乐堂演出。五六岁的顽童，听着父母的琴声、叔叔阿姨的歌声，揪下中山公园里色彩斑斓的各种花瓣，度过了幸福的童年。

💬 **盛原**：我妈妈带着我去中山公园，应该是一个春天的这种感觉，不是特别热，在外面花儿都开了。我就记得罗天婵阿姨在这个台上唱《音乐之声》里面的《哆来咪》，还有《快乐的牧羊人》，台下的听众就高兴地拍手，有的一块儿跟着唱。我那时候可能就五六岁，在旁边又揪花又跑什么的，这可能就是我对中山音乐堂最早的记忆了。

七零后少年跟着母亲学琴，一路学到了国外，盛原与中山音乐堂似乎渐行渐远。当年的孩童无论如何不曾想到，当他兜兜转转30载，几乎所有的商业演出场所都对他弹奏的巴赫音乐表示"曲高和寡"时，是中山音乐堂让他的音乐理想找到了安放的地方，他和父母以最独特的方式相逢在中山音乐堂的舞台上。

💬 **盛原**：我当时经人介绍就认识了中山音乐堂的副总经理祝晶，我说我想开一个五场巴赫的系列音乐会，五场在一年里弹完。她就说这个提议非常好，咱们能不能减成四场？我说那四场就是不弹《哥德堡变奏曲》了。谁知道祝总对这首曲子是情有独钟，她说不，《哥德堡变奏曲》一定要有。当时是2009年秋天到2010年的夏天，隔一两个月弹一场，谁知道票还卖得非常好。我从那个时候就觉得中山乐

·钢琴家盛原在中山音乐堂"打开艺术之门"讲课

堂肯定是一个能够跟我并肩作战的地方。

记者： 作为一个艺术家来讲，其实最难得的事情是能够找到知音。

盛原： 对，这个是很难，并不是所有的人都在贝多芬的时代就听得懂贝多芬的，所以如果一个音乐厅能够给艺术家一个让他们坚持的场所，10年、20年、50年，甚至100年，它才能够成为一个在历史上站得住脚的有价值的一个场所。

盛原和中山音乐堂的合作从此一发而不可收。从小到大，打交道最多的就是钢琴，他一度最不擅长的就是跟人交流，可是偏偏却答应参加打开艺术之门的活动，在暑期给孩子们讲巴赫与钢琴的故事。盛原至今不愿去想，在中山音乐堂的第一堂课，他讲得有多尴尬。

盛原： 我第一次在中山乐堂讲巴赫的课，把我紧张的。我其实写了一些提纲，然后我就照着提纲开始念，每一句话可能加了两三句话来润色一下，中间放一点点录音。等我放到最后一个录音的时候，我发现这一个半小时的讲座，我才讲了20多分钟，我的所有的内容已经都讲完了。太糟了，我的汗就下来了。没办法，我就使劲放录音。祝总在台下就跟我发了一短信说："盛老师，我觉得您的录音有点长。"我心说我要不放录音就没得讲。后来我逐渐就学到了一个本领，提纲要在脑子里。

盛原从此对中山音乐堂多了一份感恩，是这方舞台，让他找到了和观众沟通的另外一种方式，也让更多的人听懂了巴赫的音乐。打开艺术之门，让很多孩子从此和艺术结缘，在他看来，中山音乐堂的音乐启蒙，功不可没。

中山音乐堂就像我的家

见证人：谭利华

著名指挥家，全国政协委员、第八届中国音乐家协会副主席、北京音乐家协会主席

· 谭利华

💬 **谭利华**：20年前，1999年中山音乐堂重建的时候，好像就是几天之前的事情。当年不遮雨挡风的那么一个露天剧场，被改建成一个在全世界都有相当知名度的专业音乐厅，这是几代人的努力。我每次来到中山音乐堂演出都觉得像回家。

20年间，谭利华在各地的演出加起来2000多场，仅在中山音乐堂就有312场，每一场，他都做了标记。20年前中山音乐堂重张音乐会，是他执棒北京交响乐团奉献了中西合璧的一场音乐会，他至今清晰记得上半场有小提琴演奏家俞丽拿演奏的小提琴协奏曲《梁祝》，下半场是马勒的《D大调第一交响曲》，仿佛在转瞬间，谭利华已经陪着中山音乐堂走过了二十载春秋，两鬓已生华发。

💬 **谭利华**：中山音乐堂有两个固定的演出日期，我是无论如何从未错过。一个是每年元旦的新年音乐会：中山音乐堂新年音乐会，它已经成品牌了，一票难求，就像当年的人民大会堂新年音乐会一样，曲目和音乐家都是非常提气的，用音乐带给大家新年的问候。另外一个就是每年打开艺术之门的开幕式音乐会，我是必定要参加的。

· 中山音乐堂2019重张20年开幕演出照，从左至：莫华伦、张立萍、谭利华

· 著名指挥家谭利华在中山音乐堂演出

大事年表

1942
日本侵华期间设在北平的新民会，除担任收集中国的政治、经济、军事情报外，同时担负着对中国人民进行奴化教育、欺骗宣传等"宣抚"任务，音乐堂在此背景下建立。同年11月，中山音乐堂竣工。1949年北平解放后，由文管会接管。

1949
中山音乐堂最早的演出活动开始于1949年5月22日。后来总政话剧团在这里演出《曙光照耀莫斯科》，战友文工团演出《在战斗里成长》(田华主演)等话剧。

1950
秋季，由李伯钊编剧、焦菊隐导演，北京人民艺术剧院在中山音乐堂首次演出大型歌剧《长征》，于是之在剧中扮演毛泽东，党的领导人的艺术形象第一次出现在舞台上。

6月1日，首都5000多名少年儿童参加了在中山音乐堂举行的庆祝新中国第一届国际儿童节大会。

1955
音乐堂初期还是露天剧场，被戏称为"半年闲""雨来散"。在当时北京市市长彭真的指示下，音乐堂重建工程于1955年10月开始。重建工程1956年4月竣工，从此结束了"雨来散"的尴尬状况，观众也不再担心日晒雨淋。

1980
1980年底至1983年初，1986年5月至1987年4月，中山音乐堂先后两次进行了改建，变成了封闭式剧场，从此不再"半年闲"。演出场次、收入得以直线上升。

1956
8月31日、9月1日，新成立的北京市京剧工作者联合会举行第一届会员代表大会第一次会议。9月1日晚7点半，在音乐堂举办纪念演出。此次盛会聚集的名家之多、技艺之高，影响之大，在京剧史上实属罕见。

1987
50年代中山音乐堂以戏曲演出为主，80年代后电影业务迅速增加。1987年电影场次占全年总场次的七成。

1990
中山音乐堂是北京第十一届亚洲运动会艺术节的重要演出场地之一。

1999
4月26日，中山音乐堂在重修后开启重张演出。

2019
4月21日，中山音乐堂重张20周年庆典演出季开幕。

记者手记

始建于1942年的中山音乐堂如今已经走过了风雨77年,从当初四面透风、头顶漏雨的破烂不堪到如今世界一流的音乐厅配置,一路重修重建,迎来送往亿万观众。

它见证过中国京剧的辉煌,它记录下观众与音乐的互动,它目睹各种艺术门类的起起落落,任凭风风雨雨,观众的欢呼与掌声,一年又一年,从不曾少。

好多人回忆说,每次走进中山音乐堂,仿佛都是一次洗礼。走进大门,就把喧嚣丢在身后,一路闻着花香,世界顿时安静,坐在舞台下,只有纯净的陶醉。

那方舞台上,父母与孩子,老师与学生,播下音乐的种子,收获艺术的梦想。一辈又一辈,从不曾断。

盛原教授在文章中写下这样一段话:二十年、四十年、六十年,我们都会老,也都可以老,但是,中山音乐堂永远不会老。如果愿意,就和你爱的人一起相约:闻着花香,去中山音乐堂赏乐吧。

除特别注明的图片外,本节图片均由中山音乐堂提供,摄影:苏冠名

首都电影院
CAPITAL CINEMA
长安街畔的光影流年

本节撰稿： 白杰戈　谷迪　王林

首都电影院
扫一扫，随时听

我就记得当年看完了那些好的片子

从首都电影院走出来

电报大楼的钟声响了

晚上11点

铛铛铛铛

那么悠扬

你往家走的时候

刚看完电影的这些人会一边走

一边热火朝天地讨论电影

那简直是太棒了

那种感觉

让你觉得生活在首都是一件特别幸福的事

——影评人 韩之勤

回望 70 年

首都电影院
CAPITAL CINEMA

新中国文化生活记忆

现在长安街的马路牙子，就是原来首都电影院第十排的位置

刘洪鹏在回顾20世纪80年代一次义务劳动的时候，说起这个细节。那一天，他和员工们把首都电影院用了近30年的银幕拆下来，在当年的长安街边展开、除尘。"这块银幕有14米宽，是金属幕，反光非常好，亮！"

刘洪鹏当年是首都电影院的副经理，他说，那时候国内大部分影院的银幕都是布质，这块是1957年特批从法国带回来的银幕，与众不同。

这也是首都电影院的与众不同：坐落长安街边；天安门以西不到两公里；是新中国第一家宽银幕磁性环绕立体声电影院；当时有国家领导人从斜对面的中南海过来看电影，也有莫斯科的电影工作者来这里交流；曾经被担心太过"阳春白雪"的《茶花女》在这里放了300场，平均上座率八成多；引领风尚的《霹雳舞》又让影院的大门差点被挤坏，小青年们看完之后扭动身体，倒退着走向长安街边的公交车站……

·京剧《串龙珠》剧照,马连良(左)饰徐达,刘连荣饰完颜龙(《中国文化报》)

·80年代观众排队等待入场观看影片《一盘没有下完的棋》

2003年6月,"告别首都电影院"的图片新闻登上了《人民日报》的第二版,这座占地面积3800平方米、16米高的建筑,从此消失在西长安街边。

但记忆不会消失。几年后,"首都电影院"的招牌开始在更多的地方亮起。

动荡年代的初创

"劝千岁杀字休出口……"八十多年前,《甘露寺》的西皮原板在西单和六部口之间新落成的戏院里唱响。首都电影院的历史,要从此说起。

这是日军入侵前的北平城,筹资建戏院的京剧名家马连良让几位弟子站在舞台不同位置唱、念,自己到观众席五六排坐下听。

"好!每人念一句《群英会》的上场对儿。"

"念《空城计》的引子!"

马连良边听边指挥,先后走向剧场中部和最后排的角落。

"唱一段流水板。"声音从高处传来,弟子们抬头看,马连良已经站在二楼的中央。

这座二三层楼高的戏院取名"新新大戏院",安装了当年最好的音响设备,马连良除了带弟子们试验声音效果,还请人设计了幕布,舞台正中的幔幕前面加了一层沿幕,"垂黄色丝穗,横悬小红灯五盏。"黄绿色的绸质幕布上绣了蓝色的车马人,图案来自汉武梁祠石刻。两侧的两层边幕和台上桌围、椅帔等也是同样图案。

马先生的嫡孙马龙忆述,这样"两边两层边幕,后衬一幅幔幕"的格局是马连良设计,开创了演员从两侧边幕上、下场的新演出形式,在京剧舞台沿用至今。

1937年3月7日晚上7点，新新大戏院举行揭幕剪彩仪式。按照马连良的意见，开幕仪式中免去了"破台"、跳五鬼、杀鸡滴血等老例旧习。马连良、李万春两人还穿上特别定制的西式黑色礼服。当年除了梅兰芳出国时以外，梨园界还没有人置办过礼服。

这一夜，新新大戏院的舞台上先后演出了《天官赐福》《连升三级》《龙凤呈祥》等。四个月之后，日军的炮火打到了北平城西郊的卢沟桥。

第二年4月23日，马连良改编的《串龙珠》在新新大戏院首演。借元代末年徐达起义，消灭异族统治者完颜父子的故事表达对时局的关切，戏中念白包括："胡儿侵占中原……任意凌辱百姓，亡国之恨，令人不堪。"据说演出当夜"剧场鼎沸、群情激奋"。

马连良在当年写下《我为什么要演〈串龙珠〉》：

"我觉得这出戏无论在情节方面、技术方面，都超过了以往各戏。这出戏写人类的善恶、残忍、忌妒和受冤受苦的呼吁，与慈善者的博爱、拯溺济危，两面心理的矛盾。若表演出来，一定予观者极大的冲动，而博得极大的同情。

……

我表演得好不好，是另一个问题。不过这么好的旧剧，应当让它永远流传。这里的戏意，也应当让它永远流传。"

《串龙珠》原计划在新新大戏院演出两场，公演第二天就收到了日伪当局的"禁演令"。当时有不少爱国剧目被封杀，马连良又设法多方协调，从1938年9月开始，将《串龙珠》陆续带到上海、天津、青岛、武汉、哈尔滨、沈阳、长春等地巡演。

（本段史料细节引自马龙《我的祖父马连良》、《中国文化报》2019.3.12）

·马连良与新新大戏院全体员工合影(《团结报》)

建国初期的改建

马连良在筹建新新大戏院时，把电影《威尔逊总统传》反复看了五遍，从其中剧场内演讲的镜头了解美国的剧场情况，作为参考。新新大戏院建成后兼具电影院的功能，也曾改名叫"新新电影院"、"国民大戏院"。

1949年北平和平解放，改名北京，成为新中国的首都。第二年，周恩来总理把"首都"这个光荣的词给了长安街边这家历经战火的影剧院，"首都电影院"的名字从此叫响。

但这幢建筑已经有二十多岁，建国前就已残旧不堪，前后曾修整两次。当年设计新新大戏院的建筑师刘世铭，奉命改建自己的这个作品。他列举影院当时的问题：设备很简陋、没有休息厅和通风设备、大厅距街近受外音干扰、入场口台阶过高又面临大街、散场时容易影响交通、卫生间就在大厅内……

但他们仍然决定以此为基础改建，理由是：1. 地点适中、交通方便；2. 大厅体型、视线、响音适宜；3. 修改工程不太复杂、花钱不多、工期不长。

刘世铭坦言，宽银幕电影院无论改建或新建，都需要很多特殊材科，按照新中国当时的经济情况，是很难实现的。

以消音材料为例，一般要用一种叫"米波罗"的高级吸音板，或空隙塑料板、带孔甘蔗渣板等。但这些材料都只能进口，价格高，还需要外汇。首都电影院的建设者们于是想出"土办法"，找来天津产的稻草板、北京产的木丝板、广东产的甘蔗渣板，以及北京、上海生产的刨花板，用北京电影制片厂和广播电台的音响组一一测试，再按吸音性能强弱，分别装订在墙面，让大厅内无论空还是满，声音都不会交混干扰。

这次改建，把一些原本适合戏曲演出的设计改为适合电影放映和晚会使用，重新排列了座椅，为防止冬天脚冷，座椅下方还安装了散热片，这是北京的建筑中第一次有地面加温的设计。但由于时间仓促，设计到建成只有100天，刘世铭心中也留下一些遗憾：虽然经过调整，大厅顶棚仍然过高，单位容积过大，立体声效果不够理想；地坪坡度仍然不足，视线较差；后排两端座席仰视，受两翼楼角遮挡；大厅墙壁颜色暗淡，与所配的大紫绒幕不够协调；降温调节设备未能及时完成，等等。

对比22年前设计的新新大戏院，刘世铭感叹说，这一次将它改建成为宽银幕电影院，"只有在中国共产党领导下群策群力，并在国际友人真诚的协助下，才能实现。"

（本节主要内容根据刘世铭在20世纪50年代发表的论文整理）

告别之后的新生

2003年6月13日，首都电影院门口，员工站成两排，抬头看影院的招牌和金色标志牌被缓缓摘下，目光也跟着垂落，满头银发的第一任经理华旦妮眼中含泪。因为规划需要，首都电影院要拆迁了。

那块圆形的标志牌一直留在当年机务部主任张德良的记忆里：上边的 S 代表"首"，下边的 D 代表"都"，中间的鸟儿，身体幻化作胶片的图案——那是他朝夕相伴几十年的电影的载体，以后也要逐渐被数字拷贝所取代了。

代表观众发言的韩之勤说，他最难忘的是年轻时候的晚上，看完一部好电影，走出首都电影院，对面的电报大楼钟声悠扬，散场的人群还聊着剧情，"那简直太棒了！觉得生活在首都太了不起了，看到了在别的地方看不到的电影，真好！"

另一位老观众，65岁的朱理轩，就在拆迁告别仪式上，捐出了自己珍藏的，五六十年代的23张电影票。

告别仪式的图片新闻上了《人民日报》第二版，在那个非典疫情还没有结束的初夏，长安街也不如往日热闹。首都电影院的历史，在66年的这个位置，画上了一个逗号。

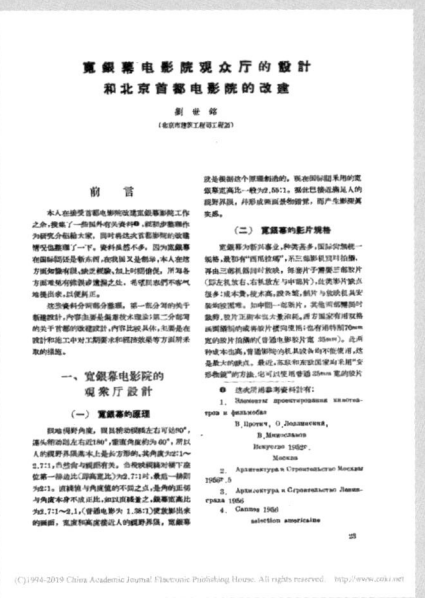

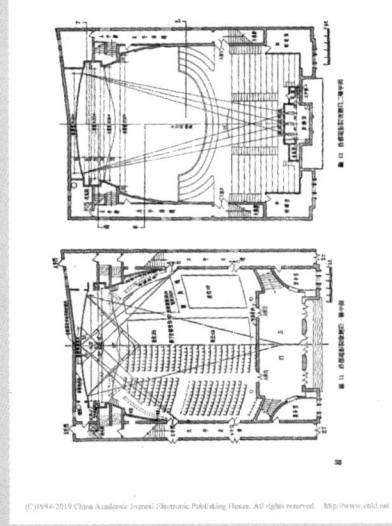

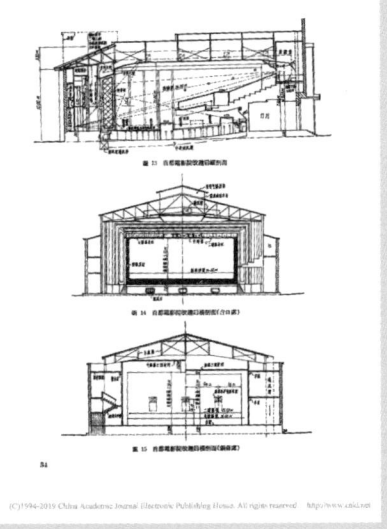

· 首都电影院建筑师关于电影院建设的论文

5年之后，西单大街新落成的购物中心里，"首都电影院"的招牌在距离原址几百米的地方，又挂起来了。商场有现代感的外形，通体玻璃幕墙，当时全亚洲最长的电动扶梯从一层直达六层，再往上四层，就是新的首都电影院，有14个影厅，2008个座位。

2009年，首都电影院重张开业后的第二年，全年票房突破6182万元，成为全国第一家年票房超过六千万元的单体影院。

但这对于"首都电影院"这块招牌来说，只是继承和发扬了过去的无数个"第一"：1957年，中国第一家宽银幕电影院；1984年，中国第一家光学立体声电影院；1987年，北京第一家年票房破百万的影院，放映成绩始终居于全国前列、北京第一……

现在，"首都电影院"更走出了西单，在金融街、在昌平，甚至在天津，首都电影院的连锁影城，都可以看到跨越近70年的这五个字亮起。

· 2003 年,首都电影院闭院改造,北京卫视为此专门拍摄了纪录片,片中还有影迷专门展示了自己收藏的电影票

见证 70 年

首都电影院
CAPITAL CINEMA

非凡 70 年，见证电影繁荣

见证人：刘洪鹏
首都电影院第五任经理

· 刘洪鹏

首都电影院的跨界女掌门——传奇女性华旦妮

由马连良的京戏园子改建而成的首都电影院，1950年6月14日正式对外开放。而受命改造首都电影院并出任第一任经理的，是著名戏剧艺术家、中国电影奠基人史东山的妻子华旦妮。其实在成为首都电影院经理之前，华旦妮曾在上海创办美美公司，专营妇女服饰，还曾亲自为阮玲玉、胡蝶等著名明星设计时装。同时她也是一个热血青年，抗战期间，她在重庆一手经营抗建堂，为宣传抗日救国和繁荣中国话剧事业做出了重大贡献。

作为新中国第一个国家电影院的经理，华旦妮的压力可想而知。首都电影院的改建、设施设

·庆祝首都电影院成为北京市第一家票款超千万影院

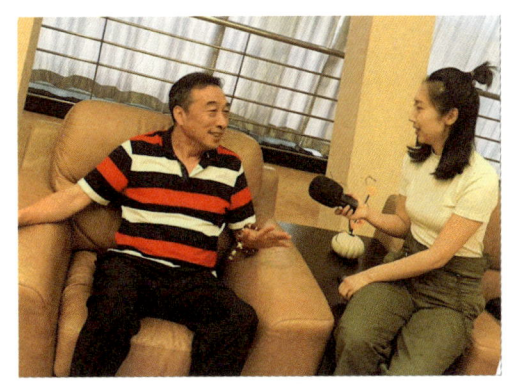
·文艺之声记者谷迪采访首都电影院第五任经理刘洪鹏

备引进、观众观影安全等问题都压在了她的肩上,但她不惧困难,为首都电影院的发展费尽心血,并和之后几代经理连续创造了很多"第一":全国第一家国家级电影院、第一家宽银幕电影院、北京市第一家票款超千万的影院……

💬 **刘洪鹏:** 我是首都电影院的第五任经理,1979年到首都电影院工作。华旦妮是比较传奇的一位女性,她和史东山导演是电影界的传奇。首都电影院是中国第一家宽银幕立体声电影院,那块巨大的宽银幕就是华旦妮托人从法国购买的。因为幕比较贵,维护起来也很难,那时华旦妮经常骑着自行车到新华书店找资料。那块幕有十五、六米宽,特别亮又不刺激眼睛。我们还曾经在夜里为那块幕做除尘,因为当时首都电影院就在长安街边上,我们就把它铺在门口街边操作。因为质量好,那块幕一直用到了80年代。

首都电影院到现在为止一直有一个很好的传统,就是永远争第一的意识。这种精神一直激励着之后的历任经理。那时候大概有三、四十家电影院,当时每天票房最高的基本上都是首都电影院,偶尔可能会被其他电影院超过,但华旦妮经理说首都电影院必须是第一。那时每天影院到9点左右都会给电影公司上报票房、场次、人次、上座率的统计,如果知道有比首都电影院票房高的影院,首都电影院就会马上再加一场——就是要争第一。那时华旦妮经理就会自己出钱,在旁边一家饭店买夜宵给大家吃。每次老员工提起这事还会掉眼泪,特别感动。

提起售票室门插销的那一刻,像点二踢脚!

如果你出生于70年代,相信你一定对一部电影有很深的印象。1987年,美国电影《霹雳舞》在首都电影院公映，瞬间掀起了霹雳舞的时尚风潮。演员孙红雷、导演贾樟柯、歌手沙宝亮等人都是霹雳舞的狂热追随者。那时候大街小巷出现了无数个街头舞王，他们会扛着大录音机，带着半指手套，跳起"太空步"、做着"擦玻璃"的动作，和对面挑战自己的舞王比舞，现在流行叫"battle"。这部电影的风靡也给了中国电影以灵感，第二年，田壮壮导演的电影《摇滚青年》也顺势引起了很大的轰动，长发、皮衣是当时时尚青年的标配。

🎤 **中央广播电视总台记者**：当年那部《霹雳舞》究竟火到什么程度？您还记得当时的场景吗？

💬 **刘洪鹏**：当然记得，当时那场面你都想象不到。我记得那是1987年，那个时候因为影院出现了立体声，而且大家都没见过霹雳舞，所以特别新鲜。那时首都电影院是有售票室的，大概十几平米，有两个窗口，一个卖当天的票，一个卖预售的票，这里要是装满了也可以装好几十人。卖《霹雳舞》票的时候，我们得先把售票室的门关上，因为人太多了，还没到八点的售票时间，外面就排起长队，大家都堵在门口，我在里面都能感觉门一直在晃。售票室的门有上下两个插销，我和另外一个同事挡着门，看快到时间了，就先把上面的插销拉下来，这时候门就晃的更厉害了，到了八点，对面电报大楼的钟"铛"一响，我就把下面那个插销一提，往后一撤，就像点二踢脚一样，

门外的人就"轰"的一下涌进来。我印象最深的是，当时有一个男士穿着军大衣，从里面抢完票出来后自己都乐了，因为衣服上的纽扣都被挤没了，但是他依然很开心，因为能买着这票已经非常让人兴奋了。当时首都电影院门口有10路汽车，那些小年轻看完电影，在这段平道上都是倒着滑出来的，滑到公交车站，可见这部影片对年轻人影响有多大。

计划经济下的文化繁荣：歌剧片《茶花女》的超高票房

80年代，人们的休闲方式还很单一，看电影是最主要的娱乐活动。但其实人们的欣赏水平已经逐渐提高，人们会主动去接受外国的优秀文化。但由于资金有限，当时能够引进的国外影片是比较有限的，这就需要选片人拥有超前的眼光。

💬 **刘洪鹏**：记得80年代初的时候，中国一年买电影的外汇才20万美金，所以咱们当时引进的大多都是国外好几十年前的片子。我听中影进出口公司的工作人员说，当时去国外购买《斯巴达克斯》《爱情故事》等一共3部影片，当时影片出品方说："我们对其他国家是50万美金，知道你们资金不够，就卖你们30万吧。"可采购人说："我们一年引进全世界影片的预算才20万元，所以只能给你们1万元。你要是不卖给我们，10亿人口都看不到你们

的片子，你们的眼光要往前看。"当时电影公司的采购人员在那住了10天，最终买下了这几部片子6个月的版权，这才让北京的市民看到了这几部非常经典的影片。

记者：因为资金有限，所以选片时肯定格外谨慎吧，有没有哪部影片其实购买时并不被看好，但最终获得了很高的票房？

刘洪鹏：这就要说到历史上首都电影院的一个非常闪光的成绩：1987年票房超百万。那年首都电影院刚安装光学立体声不久，另外就是因为我们引进了歌剧片《茶花女》。当时有些人还比较担心，认为这种高雅艺术会不会没有人喜欢看，但我们还是从西安取回这部片子在北京地区进行了独家放映。没想到票房非常高，当时根据《北京晚报》的报道，每50个北京人里就有一个人看了这部电影。后来，《茶花女》在首都电影院放映了300场，而且上座率都能达到80%以上，占全国总票房的一半。我记得当时有一个门头沟的老师，特别喜欢这部电影，他带了个砖头式的录音机过来找我，说："这部电影我看了八遍了，太喜欢了，唱的太好了，我能不能把录音机放在台口，把它录下来？"

首映《红樱桃》——国产电影首次拍卖电影首映权

首都电影院自创建起一直是北京乃至全国数一数二的电影院，然而它并没有热衷于一家独大，而是相信所有影院都是一家，在其他影院遇到困难时，总是会主动伸出援助之手。

刘洪鹏：1995年，叶大鹰导演的制作成本高达1700万元、有较多俄语和德语对白的影片《红樱桃》即将上映。当时高军（著名电影发行、策划人）觉得这部片子非常好，但是要用特殊的商业化手段发行，他就提出了一个独家首映权拍卖的方式，这对我们这些电影从业者而言是前所未见。当时几乎所有的北京影院都被请了过去，因为是独家，我们预计30万元票房应该差不多了，所以举到这个数字时我就放弃了，最后只剩下两个女经理在较劲，最终是地质礼堂的陈淑萍经理以52万元拍下了独家超前首映权。这个数字对于地质礼堂影院压力相当大，因为完不成这个目标是要赔钱的。我们影院觉得他们也挺难的，能帮就帮一

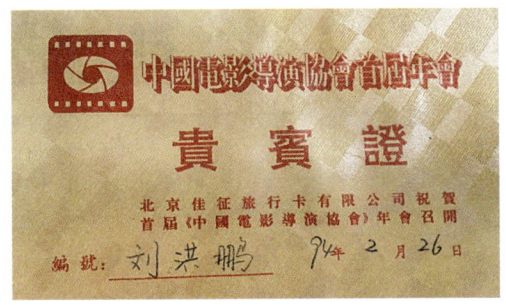

· 首都电影院第五任经理刘洪鹏受邀参加中国电影导演协会首届年会贵宾证

· 文艺之声记者采访首都电影院第五任经理刘洪鹏（右）、现任经理邓永红（左）

把吧，所以当时我就召集了我们影院的影评组的成员为他们建言献策：问卷调查、赠送礼品、在报纸上发影评……当时我们还给地质礼堂影院做了一个十多米的大宣传牌子，立在门口，上面写着："首都电影院祝贺地质礼堂中标《红樱桃》。"地质礼堂陈经理当时看见这个牌子，眼泪一下就下来了，之后她每次被媒体采访时都对我们表示了感谢。

当时《红樱桃》在地质礼堂超前上映10天，票房收入80多万元，加上后续10天公映，总票房是130万元人民币左右，超过了进口大片的影院单片票房纪录，并且带动了北京和全国的《红樱桃》卖座热。最终，《红樱桃》在全国拿下了6000万元的票房。

这种拍卖电影首映权的方式，反映到最终的票房，无疑是非常成功的。但影片的成功受多方面因素影响，其中与首都电影院的帮助有密不可分的关系。

这些电影工种已经彻底消失了

见证人：刘洪鹏
首都电影院第五任经理

见证人：张德良
首都电影院老员工，做过跑片员、放映员、机务部主任

跑片员：堪比如今的外卖小哥，争分夺秒，一天七八个小时全在外头跑

记者： 两位的经历都包括了在首都电影院当跑片员，跑片员现在已经基本退出历史舞台了吧？

刘洪鹏： 没错，一些原来电影院的工种现在已经消失了。在当时（20世纪七八十年代）电影拷贝有限的情况下，为了几家影院能同时放映同一部影片，经电影制片商授权，各影院将放映时间错开，跑片员来回运送单卷拷贝。

张德良： 比如，当时的一个电影拷贝要在两到三家影院放映。你排九点场，我排十点场，跑片的时间就非常紧张。跑片员爬到楼上机房给几分钟时间，然后机房人员拿跑片机倒过来，变成正面要朝里，然后再放出去，放完以后就面朝外，然后下一家拿到拷贝以后先把片给反过来，变成正的这样来继续。（跑片员）一般是两个人轮班。

刘洪鹏： 人是两个人，但是劳保就一份，那会儿冬天冷啊，棉手套，棉靴子肯定得穿上，所以俩人穿一个，有时候一跑能七八个小时都在外头，送完了以后马上跟着就跑下一家，就来回这么送。

记者： 那时候主要的交通工具是？

刘洪鹏： 最早影院跑片主要用摩托车，轻骑也有，后来都换成自行车了。为什么呢？因为怕坏啊，你这摩托车要坏了，你也不能搁那儿是吧？这轻骑坏了你也得修，可关键你当时也修不了啊！自行车不一样，自行车真坏了，你把车一扔跑过来也行，是吧？

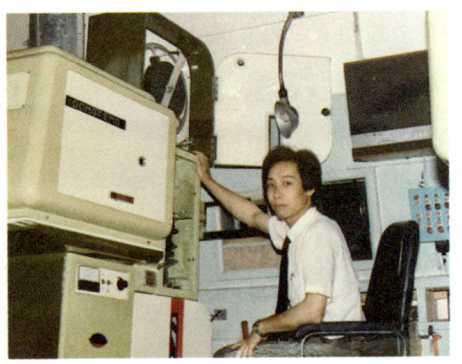

· 90年代首都电影院放映员董军在放映室工作

·首都电影院"退役"的胶片放映机——1958年黑龙江省哈尔滨市出产的35毫米松花江5510座机,现在顺义后沙峪张艺谋电影工作室作为道具。

记者:这还真是个体力活,争分夺秒的,还记得跑的场次最多的影片吗?

张德良:《中国革命之歌》吧,80年代的时候。

刘洪鹏:一天六家电影院,整个西城区包括首都、地质、北展、新街口、红楼、胜利这几家影院,这些全串起来跑一个拷贝,一本一本跑,就是因为片子比较好,大家伙都想多演一场,多演一点,为了不晚场,只能让跑片员辛苦一点。

胶片放映员:"我们离胶片很近,离电影很远"

想起小时候看电影,总是无比羡慕躲在后墙上方小窗口后面那个小黑屋中的神秘人士,所以频频回头,有那么一两次真能看到探出墙外的神秘"人头",就特别兴奋。

20世纪七、八十年代,放映员是一个相当吃香的职业,比起跑片员,放映员更多了一份神秘感。然而放映间里狭小逼仄,到处都是机器,并没有想象中的光鲜亮丽。

放映员需要在电影院开始营业前就提前到达放映间,检查设备、放映窗口,然后通电试光、试声,查看这一天的片目表,把相应的影片拷贝准备好。正式放映的时候也需要注意,尤其是一本胶片放完了,切换下一本时,设备最容易出故障,所以放映员必须在场盯着,如果有意外情况,要随时处理。

很多人以为放映员非常幸福,能不花钱看遍市面上所有电影,但这是对他们最大的误解,因为他们通常需要一人负责好几个影厅的放映,在各个放映机间来回巡视,所以"从来没完整看过一部电影"。

如今的胶片放映逐渐被数字放映全面取代,胶片放映员这个岗位也淡出了历史舞台。

20世纪的爱情，就是请你看2毛5的电影，吃6毛钱的紫雪糕

见证人：刘洪鹏

首都电影院第五任经理

见证人：南亚文

首都电影院老员工，曾经的小卖部售货员

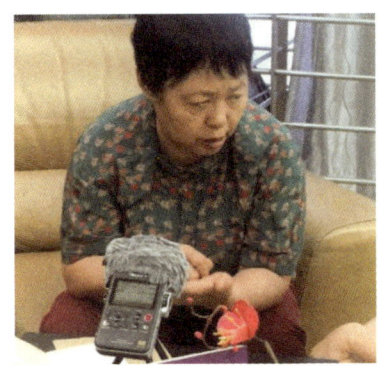

· 南亚文

💬 **刘洪鹏**：改革开放前，电影票价非常低。首都电影院有红票、绿票、黑票三种常规票，红票四毛钱一张，是影厅二层前两排中间最好的位置，被称为"外宾席"，只在放映前半小时卖票——怕有领导或外宾来，要预留。绿票三毛钱，黑票两毛钱，学生票五分、一毛的都有。

后来居民收入逐年增加，可电影票还依然这么便宜。从1985年开始，电影票价管理权限开始分地区、分阶段下放，曾经两三毛钱一张的电影票，终于在市场竞争的冲击下不复存在。

1987年，当时的中国电影公司牵头提出多种经营的概念，各家影院除已经在售卖的饮料小吃外，又增加了歌舞厅、台球、录像厅等其它经营项目。首都电影院的通宵场提供咖啡售卖，后来上了冰柜，又卖起了冷饮。

💬 **南亚文**：当年比较流行的是北冰洋紫雪糕，那时候是6毛钱一个。那个时候吃紫雪糕就算高消费了，一个月才挣多少钱啊，我请你看电影、我请你吃雪糕，这就是恋人间最高级的表达方式。

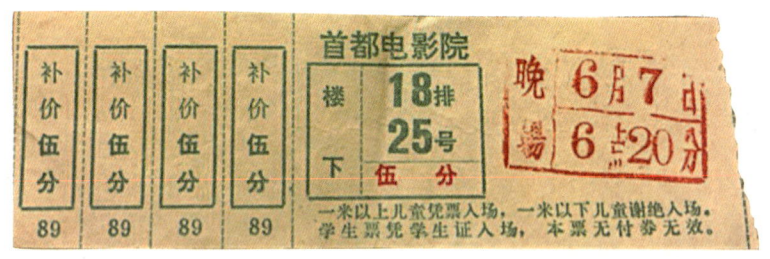

· 20世纪70年代晚场电影票，票价5分起

记者： 那会儿电影票也就几毛钱，一根雪糕6毛，有人买吗？

南亚文： 有啊，观众入场的时候我们提前都摆好了，做好了准备，然后观众哗一下就进来，先要奔小卖部，买够然后再进场，当时一卖就是好几箱，我们真是就像打仗一样忙。除了紫雪糕，还有双棒儿，小年轻谈恋爱的就买一个，然后一掰开一人一半。还有北冰洋汽水，汽水要提前开，瓶装酸奶那种瓷罐的，完了还都得戳好了，接着收押金，就是电影散场了还得退押金。小卖部也不大，观众就都在这堵着，就相当地忙。

记者： 除了冷饮呢？有没有吃的东西？

南亚文： 有那种散装的一包一包的食品，比如说什么果丹皮，什么小点心这一类的，但是主要是冷饮汽水这些。

记者： 基本上都能卖完吗？

南亚文： 抢不过来，一般是我们估计多少场需要多少盒，然后提前跟他订，尤其是特别热的那种天，或者有时候突然亮灯了，就是跑片过程没跑过来，亮灯了的时候，观众哗都出来了，然后这东西有时候就没有了。对，就是卖断货了。

1992年9月，北京的电影票价放开。刘洪鹏说，刚开始大家还有点儿不太适应，影院还问电影公司："这放开卖，是让卖多少钱？"对

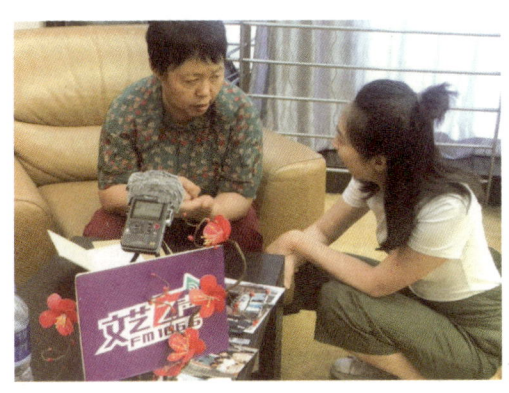

· 文艺之声记者谷迪采访首都电影院老职工南亚文

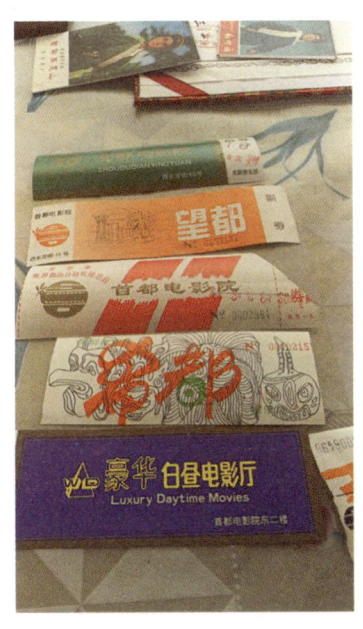

· 首都电影院大厅、望都厅、希都厅和白昼厅票样

方回复:"你爱卖多少钱就卖多少钱,只要你卖得出去就行。"首都电影院马上调整,十块钱一张票,结果满场了,那下一场就卖十五块钱……不过,那时一般电影的票价都在五块钱左右。

不关灯的"白昼影厅",也是首都电影院多种经营的一个创举。影院在卡拉OK厅装上特殊的放映设备,不用那么暗也能看清银幕,白天放电影,晚上唱歌,还能给承包这个厅的人减点儿租金。"白昼影厅"里都是卡座,还能提前两三天看到新片,可谓当时的VIP厅了,所以票价也是影院里最高的,十块钱一张。

大事年表

1937 京剧大师马连良等人在西长安街南侧、电报大楼对面创立"新新大剧院",后改名为"国民大剧院"。

1950 周恩来总理将其定名为"首都电影院",郭沫若亲笔题字。

1956 9月首都电影院举办保加利亚电影周,同年10月举办法国电影周开幕式。

1957 前苏联电影《革命的前奏》引进,周总理要求文化部和中影公司引进宽银幕来保证影片的播放,于是中国向法国订购了宽银幕,7月1日,首都电影院成为中国首家宽银幕电影院,并举办了《革命的前奏》首映礼。

1959 7月20日 首都电影院举办波兰电影招待会,同年还举办了德意志民主共和国电影周开幕式。

1984 首都电影院进行升级改造,中国第一家光学立体声电影院就此诞生。

1987 首都电影院成为北京第一家年票房破百万的影院,放映成绩始终居于全国前列、北京市第一。

2003 首都电影院进行停业迁建。

2008 首都电影院在西单大悦城重张开业。

2009 首都电影院年票房突破6182万元,位列全国第一。

2012 首都电影院第一家分店——金融街影城隆重开业。

2015 北京首个MediaMation MX4D™影院落户首都电影院。

2017 首都电影院西单店举行开业80周年纪念活动。

2018 全球首个14米宽三星Onyx影厅在首都电影院西单店揭幕。

2019 国家大剧院原创民族舞剧《天路》在首都电影院进行了全球首次采用"5G+4K"技术的影院直播。

记者手记

在西单大悦城10楼的首都电影院看完电影后,我步行15分钟来到西长安街原先首都电影院的地址,站在马路牙子上,也就是影院第10排的位置,想象着当时的人们看电影时的喜悦和兴奋。这仿佛是某种穿越,充满着仪式感,我能感受头顶有束神秘的光,打在幕上就变成了活动的影像,那光里隐约漂浮的细尘在跳着欢乐的舞蹈,我听着《茶花女》的唱段,一旁陶醉的老先生告诉我这已经是他看的第八遍了。陈凯歌导演说,自己十二三岁的时候,正好赶上世界反法西斯战争胜利20周年,首都电影院放《攻克柏林》,他放了学就往那儿疯跑,快到门口摔一大马趴,胳膊腿全都摔破了,流血了也不管,坐在那儿就看,好像自己也是为打败法西斯出了力似的,那时候的电影就是有那么大的魅力。其实电影的魅力一直都在,首都电影院的老员工,离开岗位十几年依然记着当时的员工守则,而新员工,则是打小就看着首都电影院放的电影长大的。"变了的是地址,不变的,是我们爱电影的心。"

(记者:王林)

· 中央广播电视总台采访记者和首都电影院新老员工合影

天桥剧场

TIANQIAO THEATER

老天桥的新时代

本节撰稿：周彬　王笑梅　吕炜

天桥剧场
扫一扫，随时听

俗话说

不到长城非好汉

不到天桥真遗憾

老天桥

百戏杂陈市井喧嚣

是京城最为丰富的民俗演艺场

天桥剧场

与新中国同生

在新时代成长

以足尖艺术的经典

筑造通往世界的舞台

续写天桥文化的新篇章

回望 70 年

天桥剧场
TIANQIAO THEATER

新中国文化生活记忆

在人民的地方 建人民的剧场

"把一个较大规模的新型剧场，首先建设在劳动人民聚居的天桥地区，这是史无前例的。只有劳动人民掌握了政权，才能首先把这样的剧场建筑在天桥。"

1953年12月29日出版的《北京日报》

"酒旗戏鼓天桥市，多少游人不忆家。"这是清末诗人易顺鼎在《天桥曲》中描述当时北京天桥的景象。天桥，在民国初年发展成平民游乐的聚集区，人们喜欢到天桥逛逛，一是能买到日用百货，二是能看到各种民间艺术的现场表演，三是那里的吃食摊能吃到物美价廉的风味食品。

新中国成立不久，生活安定的人们对于艺术的需求越来越强烈，其他国家也想要与新中国进行艺术交流，可当时的北京还没有一所现代化的综合剧场来承接。1953年，天桥剧场开始筹建，为了减少拆迁，地点选在了天桥万盛轩剧场、小桃园戏园以西的一块空地上。然而，当时中国的建筑师们从来没有建造设计过现代剧场，见过现代剧场的人也少之又少。后来，时年24岁的李畅成了

· 1954 年天桥剧场内景

· 1954 年天桥剧场外景

天桥剧场的设计顾问。1951年，任教于中央戏剧学院的李畅，作为"中国青年文工团"的一员，赴苏联和东欧的社会主义国家演出、学习。在近两年的时间里，李畅走访了多个现代剧场，从设计到舞美，从建筑到演剧体系，他用从国外看来学来的所有知识，"抄"出了一个天桥剧场。

开始建设天桥剧场时，上级明确要求要使中国的新剧场做到与国际职业剧场一步接轨，而不再重复1949年前，甚至是新中国成立初期以"土标准"建造剧场的弯路。1952年底，北京市文化局为解决缺乏剧场的问题而申请了一笔经费，因为第一期的经费只有70万元，所以只能分两期建筑。第一期先建造一个小的前厅和合格的观众席、舞台，其他的后台附台等设备要等到有钱时再建。因此，当时的化妆室不得不改到舞台下面，一切都得因陋就简。

1953年11月天桥剧场第一期工程结束。1954年夏季，为纪念中苏建交5周年，同时迎接苏联著名的莫斯科音乐剧院来华演出，天桥剧场又进行了二期工程，这次扩建只用了63天。扩建后的天桥剧场比原来的面积大了一倍，可容纳1700个座位，左右两翼由一层增加到三层。不仅加建了近300平方米的芭蕾舞排练厅，化妆室也终于有了，而且能容纳100名演员同时化妆。25道升降布景的自动吊杆增加到了42道，舞台台口增加了能够按照场面需要而自动伸缩的铁架假台口。莫斯科音乐剧院的300多位艺术家及工作人员在这里连续上演了6台大型歌剧、芭蕾舞剧。盛况空前的演出，成为新中国成立初期中国国际文化交流舞台上一道靓丽的风景线。此时的天桥剧场，也成为新中国第一个能与国际接轨的剧场。

群贤俱至 大师云集

因为舞台设置和技术设备的先进性，从1954年起，苏联芭蕾舞团、英国皇家芭蕾舞团、法国歌剧院芭蕾舞团、瑞典皇家芭蕾舞团等诸多国外艺术团体来华访问几乎都在此演出。在此后将近40年的时间里，天桥剧场一度成为重要国际文化交流的中心场所。"看芭蕾去天桥"成了当时的新说法，当时的天桥剧场规定，每人一次最多只能购买4张票，而外国观众购票还要出具大使馆的介绍信。诸如《蝴蝶夫人》《茶花女》《草原之歌》《鱼美人》《舞姬》，这类重要歌舞剧目上演时，天桥剧场的售票窗口前便会排起长龙，有时竟排到一两百米外的天桥商场。

1954年10月，苏联莫斯科音乐剧院成为第一个在新落成的天桥剧场演出的外国艺术团，莫斯科音乐剧院表演了经典芭蕾舞剧《巴黎圣母院》《天鹅湖》，受到中国观众的热烈欢迎。每场演出后，观众鼓掌都长达半个小时之久，谢幕几十次，观众久久不愿离开剧场。

1955年，京剧大师梅兰芳、周信芳在天桥剧场举办了舞台生活50年纪念演出。

1959年，为庆祝中华人民共和国成立十周年，苏联芭蕾舞大师乌兰诺娃随莫斯科音乐剧院来到中国。在天桥剧场，乌兰诺娃表演了芭蕾舞剧《吉赛尔》片段、经典芭蕾舞独舞《天鹅之死》，以及她在列宁格勒舞蹈学校毕业演出的作品《仙女们》。

1964年9月26日，中央芭蕾舞团的芭蕾舞剧《红色娘子军》在天桥剧场彩排，这次彩排让天桥剧场与中国芭蕾舞结下了不解之缘。当时，中央芭蕾舞团刚刚成立不久，在党和国家领导人的亲切关怀下，带着民族文化复兴的希望，这部融汇了西方芭蕾舞艺术与中国革命历史题材以及民族舞蹈元素为一体的舞剧《红色娘子军》被搬上了舞台。

· 1954年莫斯科音乐剧院来华演出宣传册　　· 帕瓦罗蒂在天桥剧场主演歌剧宣传册

· 帕瓦罗蒂主演歌剧《波西米亚人》剧照　　· 小泽征尔指挥歌剧《蝴蝶夫人》

1986年6月，意大利著名男高音歌唱家帕瓦罗蒂与意大利热那亚歌剧院首次访华，演出地点定在了天桥剧场。当时，歌剧和演唱会门票价格根据剧场情况划为四档，分别调整到10元、8元、6元、5元。这样的票价标准，在当时属于高价了，然而演出票还是供不应求。尽管那时没有"黄牛党"，歌剧和演唱会的5元钱门票，还是被悄悄地炒到了50元。

2002年10月，作为纪念中日邦交正常化30周年文化庆典活动中最重要的演出之一——歌剧《蝴蝶夫人》在天桥剧场举行首演。在世界著名指挥大师小泽征尔的执棒下，著名导演浅利庆太把他20世纪80年代在意大利著名的斯卡拉歌剧院导演的这部普契尼的名作带到了北京舞台。

历经坎坷 涅槃重生

1992年，随着一声爆破巨响，拥有近40年历史的老天桥剧场被夷为平地。老天桥剧场是土木结构建筑，内部设施已严重老化，达不到国家规定的防火防震安全水平。因此，由文化部主持、国务院批准，根据北京市城市规划要求，天桥剧场的重建工程开始了。当时，天桥剧场的重建投资方来自香港，设计团队来自清华大学。老剧场拆除后，资金链却断了，留下香港投资方的一句"抱歉"和老剧场的断壁残垣。新的天桥剧场最终因获得国家资助和其他投资建了起来，2001年8月正式交付使用。新剧场的建设是在原址新建，占地7800平方米，总建筑面积为2.2万多平方米，地下2层，地上5层，总投资1.95亿元人民币。这一建就花了10余年，10余年间，世纪剧院、保利剧院等新兴演出场所拔地而起，天桥剧场不再如当初那般一枝独秀了。

2001年，天桥剧场再次对外营业。北京中演都市剧场管理有限责任公司通过投标成为天桥剧场的经营者，而中央芭蕾舞团一直是天桥剧场的业主。作为蛰伏10年的重张序幕，由张艺谋导演、中央芭蕾舞团表演的新世纪第一部原创芭蕾舞剧《大红灯笼高高挂》在天桥剧场首演。2007年，德国"现代舞第一夫人"皮娜·鲍什与她创办的乌铂塔尔舞蹈剧场在中国大陆亮相，就选择在天桥剧场。2008年1月，中央芭蕾舞团收回了天桥剧场的经营管理权，从此，一个专业的芭蕾舞剧场开始充分发挥其特长，绽放光彩。

进入21世纪，人们的文化娱乐生活日益丰富多彩，众多剧院面临票房流失的压力。剧院不是建筑，它应是有灵魂的文化空间。建起来的剧场，如何能破解"管"和"用"上的难题？又怎样进一步做优做强，成为群众精神文化生活的重要组成部分？天桥剧场开始进行一系列思考和探索。

随着天桥演艺区的建成，十几家剧场在此展开竞争，天桥剧场也不可避免地面临观众流失、票房下降的挑战。天桥剧场总经理刘精伟认为，剧场不同于电影院，如果丧失特色，"就成了可我可它的建筑而已，演员和观众都缺少认同，既会导致同质化竞争、'互相踩踏'，也不容易培养观众的忠诚度。不利于剧场的品牌建设和长远发展。"通过细化经营内容、做好品牌特色，天桥剧场把自身定位在"专业的舞蹈剧场"上，不仅有国内的经典舞蹈上演，剧场更主动策划，于2013年、2015年、2017年成功举办了三届中国国际芭蕾演出季，2019年将举办第四届，为中国芭蕾舞迷提供了更为多元的、高层次的国外经典剧目赏析机会。实际上，当前发展得比较好的剧院往往都具有清晰的差异化定位——首都剧场主打话剧，梅兰芳大剧院以京剧最负盛名，全国地方戏演出中心以演地方戏为主，天桥艺术中心则定位于重点发展音乐剧……只要提起这些剧场的名字，有对应爱好的观众就会提起兴致。

要打造高品质的专业剧场，需要优秀的艺术作品。现在，即便是舞蹈作品想来天桥剧场演出，艺术水准不够也是不行的。

2016年9月，天桥剧场与中央芭蕾舞团实行了"场团合一"，将艺术生产和演出经营、剧场运营捆绑在一起。"场团合一"打通了演出产业上游和下游的连通渠道，有利于剧目、剧团、剧场的品牌打造，中央芭蕾舞团每年在天桥剧场演出60场左右，真正是一举多得、优势互补。"场团合一"带来的积极因素还有很多，重要成果之一就是中央芭蕾舞团在北京的所有演出都由天桥剧场负责运营——中央芭蕾舞团不再操心北京演出市场，可以安心创作；天桥剧场则有了充裕的规划演出排期的时间和空间。更重要的是，天桥剧场根据历史数据，科学高效地规划演出档期和剧目，有效降低了运输和宣传等成本，演出票价明显降低，观众也得到了更多实惠。之前，《红色娘子军》的演出票价最低为180元，最高为880元或1280元。如今，最低票价仅为50元，最高票价也只有500元。

剧院有特色、演出有水准，但缺了懂欣赏、肯掏钱的观众也不行，为此，天桥剧场还在公益演出、艺术普及等观众培养方面下起了功夫。实际上，天桥剧场把社会效益看得比经济效益更重。天桥剧场将中央芭蕾舞团知名普及品牌"走进芭蕾"请了进来，由专业演员为大家讲解和展示芭

·新天桥剧场内景

·新天桥剧场舞台

蕾。50元、80元就可以看芭蕾，让"走进芭蕾"成了最受欢迎的演出，由此培养出众多铁杆粉丝，让社会效益一下就转变成了经济效益。为了让观众把芭蕾文化带回家，天桥剧场还开发了一系列文创产品，精美的手机壳、抱枕、芭蕾玩偶等可以带回家，给观众留下相伴的记忆，还增加了剧场与观众的黏性，又能够增加经济收入。

· 现代舞"第一夫人"皮娜·鲍什带团访华演出海报

见证 70 年

天桥剧场
TIANQIAO THEATER

追忆旧事，呼唤新生

见证人：姚振声

北京天桥民俗文化协会顾问

· 姚振声

💬 **姚振声**：天桥有着七百年的历史。过去这里真有一座石桥，桥下有河水潺潺流过；老百姓管它叫"龙须沟"。我听老人说，原来桥的位置就在今天的天坛路西口，天桥南大街北口，处在十字路口中间，这地方我走过无数遍了。

🔗 **记者**：这座桥为什么叫"天桥"呢？

💬 **姚振声**：明清两代的皇帝每年要到天坛祭天，到先农坛祭农，这座桥是必经之路，而且只有贵为天子的皇帝才有权经过，所以人们就把这座桥称为"天桥"，意为天子走的桥。

🔗 **记者**：您和天桥有很深的缘分吧？

💬 **姚振声**：我生在天桥，长在天桥，今年82岁了，对建国以前的天桥也有了解。天桥剧场最早是1953年建的，1953年以前这地方是福长街，这一带都是小摊儿、杂货铺。再往前就是现在德云社这一带，当年都是演出的、卖小吃的，相声大师刘宝瑞、侯宝林、快板大师高凤山、北京琴书大师关学曾——就是演员关晓彤她爷爷，都曾经在这儿演出。

· 中英芭蕾舞团芭蕾舞剧《敦煌》（陈力摄影）

记者： 要在您这么熟悉的地方建一座剧场，您当时是怎样的心情？

姚振声： 高兴啊！因为在我们天桥过去叫"贫民窟"。我是天桥人，我不敢说我是天桥生的。人问："您是哪人？"我说我南城的，要不说是永定门的，要不说是前门大街的。说天桥人觉得矮三分，人瞧不起。老舍在《龙须沟》里写的，那是真实的一种状况。

但是现在不一样了，天桥剧场、天桥艺术中心都建起来了，这是咱们天桥的一大光荣。因为过去在附近没有大剧场，只有城南游艺园、新世界游乐园、天乐戏院，这都是小剧场。那时候都是搭着石灰抹的篷子，一刮风一下雨——那时候叫"风来乱、雨来散"。新凤霞就说她在万盛轩演出，底下连跑耗子的都有！

记者： 天桥剧场建起来以后，您到里边看过演出吗？

姚振声： 我到剧场看过《红色娘子军》，白淑湘老师演的琼花，我记得当时观众是掌声如雷，到谢幕的时候她几次出来，大家都不让她走。而且我记得周总理、董必武都看过《红色娘子军》，给予很高的评价。总理看完以后还邀请西哈努克亲王看，请外宾看。在这样的剧场看演出，我们能不高兴嘛！

临危受命，抢建剧场

见证人：李畅

中央戏剧学院舞台美术系教授

・李畅

李畅：20世纪50年代初，我们有九个人从欧洲学习剧场设计和戏剧演出刚回来，国家为了搞戏剧交流，需要建剧场。留学回来就我们这九个人，变成当时为数不多知道外国人怎么搞剧场的人，我们九个人就发誓说，我们要在一二十年之内，起码得弄十个八个像样子的剧场，不然跟外国人没法交流。第一个要盖的就是天桥剧场。

记者：当时天桥剧场的选址是在万盛轩剧场和小桃园戏园的西边一带。

李畅：对，为了减少拆迁。当时国家给批了70万，只能先建一个小前厅、观众席和舞台，化妆室只能放在舞台下面。

记者：1953年底天桥剧场建成后不久，天桥剧场就又要改建了。

李畅：是扩建，因为苏联莫斯科音乐剧院的《天鹅湖》《巴黎圣母院》等6个剧目要来演出，纪念中苏建交5周年。上级要求要在63天内完成扩建，达到演出的标准。

记者：这次扩建有哪些技术难点？

李畅：灯光控制是一个。咱们看戏，一开始都是等到大幕慢慢开了，灯光就开始亮了，最后戏演完了，演员谢完幕，灯就开始灭了。100多个灯要同时控制它，得有一个控制台。过去我们没有，我们灯光怎么渐明渐暗呢？就用一个大水缸，里头倒满了水，用四五斤盐泡到这里头。电里有两极，一极沉到缸底下，另外一极有一个手柄可以让它下去，这两个碰到一块，所有的灯就都亮了，没有碰到一块，还差一点，那么就暗一点，再差一点就再暗一点。有时候七八个人也不能同时操控，一个人在舞台的一个角，还要打手语才能沟通。后来我们到德国去看，人家就这么小一个台子，就把几百个灯都控制了。一开始是苏联送我们一个，装到天桥剧场，再以后咱们就自己制造了。

一代"琼花"，艺绽天桥

见证人：白淑湘

著名芭蕾舞演员

· 白淑湘

记者：您是芭蕾舞剧《红色娘子军》女主角琼花的第一代扮演者，也是最早一批在天桥剧场里跳芭蕾舞的演员，那时的天桥剧场给您的印象是怎样的？

白淑湘：当时天桥剧场给我感觉是最至高无上的、非常大的一个剧场。那时候也是很新的剧场，所以当时我们各个剧团都要到这来演出。我们演出票价是一块二，跟京剧梅先生他们一样的价。在这里跳舞和演戏是我们人生当中很值得纪念的时光。

记者：当年《红色娘子军》首演的时候，您就饰演的琼花。

白淑湘：对。那是1964年的9月26号在天桥剧场彩排，周恩来总理还去看了，当时我们都非常激动。《红色娘子军》是周恩来总理的提议，他说可用搞一个革命题材的芭蕾舞剧，比如《巴黎公社》《十月革命》这样一些很有革命激情的剧目。

正好1962年电影《红色娘子军》获得了第一届金鸡百花奖最佳影片，芭蕾舞剧编导李承祥看这电影很不错，又全是娘子军，你想想，穿个军衣、系个腰带，穿个短裤、绑腿，完了脚尖一立，那太棒了！所以李承祥一说，我们大家一拍即合。

· 中央芭蕾舞团芭蕾舞剧《红色娘子军》（王崇玮摄影）

记者： 为了演好琼花这个角色，您做了哪些准备？

白淑湘： 1963年底，我们十个人打上背包，上海南岛，到娘子军连里去体验生活。当时冯增敏连长讲了娘子军连的那些战斗，还有娘子军连到这来以后的情况，这些对我们创作角色都有很大的启发。

我们到连队里去体验生活时间很长，每天早上起来跟战士一块吃饭，十个人一桌，站着吃饭。到南方都吃米，米很硬的，拌些辣椒什么的就吃完了，吃完就去训练。站着训练，手握长枪的训练，还有跪着握枪的三种姿态，每天都要训练。那个时候对我们来说真是一个脱胎换骨的改造，所以当时领导也跟我们说：首先要做革命人，才能演好革命戏。

记者：《红色娘子军》的首演是获得了极大成功的。

白淑湘：《红色娘子军》首演结束以后领导就把我叫去了，说还有一场很重要的任务，要再跳一场。他们也不告诉我谁来，我就想着认真完成任务。后来我知道了，是毛主席来了。毛主席看完《红色娘子军》以后，他说了三句话：方向是对的，革命是成功的，艺术上也是好的，这三句话给我们很大的信心。

芭蕾传承，
走向世界

见证人：冯英

中央芭蕾舞团团长

·冯英

💬 **冯英：** 天桥就是我们的家。因为在我小的时候，我们看演出就在天桥，其实也是在天桥长大的。我们剧团也是我们的宿舍，那个年代我在天桥剧场演出，结束了就在那洗完澡之后慢慢再走回来，那是我们的生活。所以天桥剧场对我们那个年代的人来说，等于是家的一部分。

60多年了，中央芭蕾舞团一直守候在天桥剧场。对于我们来讲，这是我们的主场，尤其是现在，从2008年我们把天桥剧场收回来自己运营了之后，更是自己的一部分了。

🎤 **记者：** 天桥剧场最大的特点是什么？

💬 **冯英：** 天桥剧场是中国第一个专业为舞剧、歌剧演出打造的专业剧场，它有种特别的历史厚重感。天桥剧场是1953年建成的，很多世界级的大腕都在这里演出过，比方说苏联的"芭蕾舞皇后"乌兰诺娃，还有著名的"歌剧之王"帕瓦罗蒂、多明戈等都在这个舞台上为中国观众奉献出他们最精湛的艺术。还有世界一流的芭蕾舞团，比如马林斯基剧院、莫斯科大剧院、巴黎歌剧院、汉堡芭蕾舞团等等，这些世界级的芭蕾舞团在天桥剧场每年都有演出。有一句话这么说：坐在天桥，看向世界。

今天的天桥剧场是中央芭蕾舞团的一部分，我们感到真的非常自豪。我们每位"中芭"人都是在那个舞台上走出来的，从我们白淑湘老师——第一代《红色娘子军》的"琼花"，到现在的首席等等。

· 中央芭蕾舞团芭蕾舞剧《大红灯笼高高挂》（刘阳摄影）

记者：您也是第三代的"琼花"。

冯英：对于我来讲，我站在那儿的时候也是一种传承，一种"中芭""向前进"的步伐，不能停步的一种信念。在天桥剧场的舞台上边跳芭蕾的感觉真是不一样，一代一代艺术家们曾经在舞台上绽放，剧场里都有着他们的气场。每一代人有每一代人的特质，你看今天的"娘子军们"，她们就带有年轻人对未来的憧憬和希望，她们是团结活泼的，又是充满生命力的。我们带着《红色娘子军》走出去的时候，确实给人呈现了今天中国人的这种精神风貌。

老剧场也要与时俱进，涅槃重生

见证人：刘精伟

天桥剧场总经理

· 刘精伟

翻修重张，陷入危机

💬 **刘精伟：** 我原来在房地产公司做财务总监，你想2000年以前房地产财务总监的收入还是蛮高的。另外，我喜欢到剧场看戏，喜欢到保利、世纪剧院去看戏，看过《天鹅湖》《图兰朵》，还有一些歌剧。

🎤 **记者：** 因为一颗炽热的文艺心，你就到天桥剧场来了？

💬 **刘精伟：** 对，觉得喜欢，当时没想特别多，也没想到这个工资会比原来差那么多，就觉得我能在这儿上班，天天看戏还不花钱多好，就过来上班了。

🎤 **记者：** 还记得第一次来天桥剧场上班的情形吗？

💬 **刘精伟：** 当时我来天桥剧场面试的时候，我记得特别清楚，这儿真的就跟工地一样。那时是冬天，我穿了一双靴子，要从马路——所谓的马路就是泥泞的土路——走到天桥剧场。没有路，最后是拿这么几块砖头，中间搭了一个木板，还挺长。说是冬天但还有一点点暖和，它底下有好多建筑用水没有完全干——要真结成冰也行，但它还没有，半干不干的。走着走着，咣当，板翻了，给我又摔落到小泥沟里，心想行了，也没办法了，赶快过去吧！我当时心想，这地儿能来吗？这样这儿还怎么演戏？后来我们给人家送票，邀请人家过来看看演出，人都说太偏了，都不来。多着急啊！

记者： 在五六十年代，天桥剧场可是很热闹的啊！

刘精伟： 原来剧场很少，最早我们是皇帝的女儿不愁嫁，全国就这么几个综合剧场，我们是很骄傲的。因为年久失修，1989年天桥剧场原址开始重建。然后2001年重新开业的时候，我是第一批来天桥剧场的工作人员之一。停业了11年，大家已经不知道天桥剧场还能演戏。这11年，其实是中国文化发展很迅猛的11年，各个剧场、各个文化公司突飞猛进，我们已经被遗忘了。

重新定位，焕发生机

记者： 天桥剧场想重拾昔日的辉煌，也要付出很多的艰辛努力。

刘精伟： 就一步一步地走过来。当时我们更多的是租场地，我们就来回来去租那点场地，有时候租都租不出去。

随着时代的发展，各个城市都有剧场了，北京也有很多剧场了，演出也相对分散得多，在分散的过程当中又出现了国家大剧院，它是一个综合体，又有音乐厅，又有戏剧厅，我们只有一个剧场怎么办呢？

记者： 所以天桥剧场重新确定了艺术定位，那是哪一年？

刘精伟： 应该是2008年。我们从2008年开始，慢慢地做了一个规划：如果有那么多综合体剧场，我们不能做成最强的，我们为什么不做最专业的？我们就把我们的软件和我们的硬件综合地比量了一下：你看我们的硬件，第一个建筑声学很好，第二个我们舞台是榆木工字的舞台，舞台弹性很好，又不伤脚踝，是最适合舞蹈，尤其是最适合芭蕾了；然后我们一千二的座位最适合舞剧，因为这样它能保证一层到三层各个观演角度都很舒适。再看我们的软件，我们有中央芭蕾舞团这样高水平艺术院团的艺术背景，我们为什么不把我们的经营定位再精准一点，做最好的、最专业的舞蹈剧场？我们的舞蹈剧场应该有我们舞蹈的特色，有我们芭蕾的特色。

记者： 最能体现天桥剧场新定位的是什么？

刘精伟： 一个剧场一定要有属于它自己的艺术品牌。

2013年天桥剧场60年，60年是一个甲子了。60年总要做点什么，起码我觉得我做经营管理者，我应该为我的这个剧场——我陪伴它已经十几年了，觉得应该为这个剧场做点什么。

当时很少听说一个剧场去做艺术节，去做演出季，去做国际芭蕾的演出季。

记者： 从零开始创办一个演出季，没有那么简单吧？

刘精伟： 我一直说国际芭蕾舞演出季的变化是裂变式的，对于我们每一个人来说都是一个涅槃的过程，有痛苦，但是最后确实是又重生了。

刚开始的名字叫的很有意思，叫"天桥剧场演出季"，然后叫过"北京演出季"。后来都觉得芭蕾舞是个国际品牌，于是又找了许多业内的朋友、专家，开了很多次讨论会，后来大家就觉得说，如果是有信心做大的话，那就叫"中国国际芭蕾演出季"。

这个过程会很痛苦。在跟文化部外联局国际处打交道的时候，有一位跟我同名的工作人员——我叫刘精伟，她叫宋精伟。我报批文的时候她还没有男朋友，等到演出季开幕的时候，她的双胞胎宝宝诞生了。你说这个经历得有多么长，是多么不容易的一个事，人家都由姑娘变妈妈了，我们的演出季才开幕。

记者： 现在回过头来看，当初的痛苦都熬过去了，都还是值得的。国际芭蕾舞演出季现在已经走上正轨，越来越为人所知、为人所爱了。

刘精伟： 我们现在是两年办一届，今年是第四届了。往年都是11月到12月举办，今年我们是提前一个月，10月2号就开幕。因为今年是新中国成立70周年，我们把国际的一些经典剧目、国际的顶级明星邀请过来，和我们国家的艺术家同台献艺，也是向国家、向党和人民交出一份天桥剧场的答卷。

· 第四届中国国际芭蕾演出季海报

大事年表

1953
天桥剧场一期工程完成，天桥剧场迎来第一个外国演出团体——东柏林警察铜管乐团。

1954
天桥剧场二期工程在63天时间里完成了大型扩建。

10月，苏联莫斯科音乐剧院在天桥剧场演出。

1955
京剧大师梅兰芳、周信芳在天桥剧场举办了舞台生活50周年纪念演出。

1959
苏联芭蕾舞大师乌兰诺娃与莫斯科音乐剧院在天桥剧场演出。

1964
9月26日，中央芭蕾舞团的芭蕾舞剧《红色娘子军》在天桥剧场彩排。

1986
6月，意大利著名男高音歌唱家帕瓦罗蒂与意大利热那亚歌剧院在天桥剧场演出。

1989
天桥剧场停止营业，开始重建。

2001
天桥剧场再次对外营业。由张艺谋导演、陈其钢作曲、王新鹏编舞、中央芭蕾舞团制作并演出的芭蕾舞剧《大红灯笼高高挂》在天桥剧场首演。

2002
10月，由著名指挥家小泽征尔指挥的歌剧《蝴蝶夫人》在天桥剧场举行中国首演。

2007
德国"现代舞第一夫人"皮娜·鲍什与她创办的乌铂塔尔舞蹈剧场在天桥剧场演出。

2013
11月，首届中国国际芭蕾演出季开幕。到2019年将举办第四届。

2017
9月20日，中央芭蕾舞团大型原创芭蕾舞剧《敦煌》在天桥剧场全球首演。

2019
4月19日晚，由中央芭蕾舞团创排的芭蕾舞剧《沂蒙三张》在天桥剧场首演。

10月第四届中国国际芭蕾演出季开幕。

记者手记

2019年5月10日,对天桥剧场的采访从早上9点一直持续到晚上22点,在欣赏了中央芭蕾舞团表演的《芭蕾与音乐》后,极少关注芭蕾舞的我,开始对芭蕾艺术、对芭蕾专业舞台有了新的认知。那只优美轻盈的白天鹅不再高高在上,那群英勇矫健的娘子军不再望尘莫及,因为艺术与美会自然而然地通过舞蹈演员们的足尖,通过支撑足尖的舞台,通过容纳舞台的天桥剧场走进每个观众的心里。

· 记者周彬、王笑梅与白淑湘、姚振声合影(左起:王笑梅、白淑湘、姚振声、周彬)

首都剧场

CAPITAL THEATER

中国话剧的最高殿堂

本节撰稿：王菲　肖露　覃冬婧

首都剧场
扫一扫，随时听

帷幕拉开、场灯逐渐暗去

当第一遍钟、第二遍钟依次敲响

这里就会开始上演一幕又一幕

让台上台下的心灵

有悸动、有遗憾、有感怀的人间故事

回望70年

首都剧场
CAPITAL THEATER

这是一座建成于新中国成立初期、被视为代表国家戏剧形象的艺术殿堂

北京市王府井大街22号。

每当夕阳西下，夜幕将近之时，这里的一幢米黄色建筑就会散发出庄重、典雅的文化气息：回字形的楼宇左右对称、端正大方，两座华表南北相对，中间是五扇带有垂花门样式的镂空落地窗和三座石雕环绕的棕色木门。夜色渐浓，更多向往艺术的人汇聚于此，享受其中，这幢楼前有13级台阶，人们拾级而上，温暖的橘色灯光会把人的影子拉长……

在很多话剧观众的心目中，看北京人艺的戏，当然要到首都剧场；而来到首都剧场，看的就是北京人艺的戏。北京人艺与首都剧场早已浑然一体。

不过，早在1952年，刚刚由"老人艺"话剧团和中央戏剧学院话剧团合并而来的专业话剧院团，却并没有固定的演出场所，史家胡同56号（今20号）是老人艺的"家"，原北京剧院（今中国儿

· 首都剧场正门

童艺术剧院）、大华电影院也是早年戏剧人游动不定的演出场地。

1953年1月，周恩来总理收到了一封联名申请报告，报告中提到希望建造一座话剧专用剧场，由北京人民艺术剧院管理使用，同时解决未来国际性演出交流的场地问题。两周后，周总理在自己的办公室约见了曹禺、焦菊隐、欧阳山尊和老舍四人，表示同意建造专用剧场，并指示剧场的容量可以考虑从原设想的900人扩大到1200人，同时指示对于欧阳山尊等提到的要向民主德国订购剧场灯光设备、音响设备的预算，可追加再审批。4月27日，王府井大街响起了机器的轰鸣声。

这座新剧场由我国著名建筑师林乐义负责主持设计，他坚持在建筑设计中传承中华民族的优秀传统，但反对因袭复古；他赞成参照外国先进建筑理念，但也反对过于盲目的追从。这样的辩证融合直接应用在之后耗时近三年的建筑修造中。

今天我们所看到的首都剧场借鉴了欧洲与俄罗斯的建筑风格，平面和外形构图与苏联塔什干剧院基本相仿，有浓重的中亚传统审美。著名工艺美术大师、人民大会堂建筑装饰图案设计者常沙娜等人参与设计建筑纹饰，在建筑和室内外装饰上，充分运用了雀替、额枋、影壁、藻井、华表、沥粉彩画等具有中华民族传统文化特色的元素，使得这座恢宏庄重的现代建筑完成了东西方建筑艺术特色的融合。20世纪50年代，首都剧场工程荣获了中国建筑学会优秀建筑创作奖，并编入英国的世界建筑通史。

1956年，首都剧场整体竣工，这也意味着新中国成立后第一座以演出话剧为主的专业剧场建造完成，同时可供大型歌舞、戏剧演出和放映电影之用。同年，7月28日正式交付北京人艺管理使用。同年9月24日，由欧阳山尊导演的话剧《日出》登上这里的舞台，这也是首都剧场第一次用戏剧迎接观众。巧的是，那一天也正是人艺首任院长曹禺的生日。

60余年过去了，从首都剧场进出往来的人总会感叹这里有说不出的味道：初入门厅映入眼帘的老舍、曹禺、焦菊隐的三尊雕像，让人们始终心存敬畏；大厅不断更新的剧照和剧目信息、门柱侧面圆桌上的观众留言册、暗红的座椅、晶莹净洁的垂花吊灯……这里的每一个角落都记录着它的人文、历史和情感，而这一切也交汇成了专属于首都剧场舞台的、弥漫着文化与艺术之美的灵性。

这里是产生新中国艺术家，乃至戏剧大师的土壤

首都剧场毗邻中国美术馆、老舍故居、中国儿童艺术剧院等文化地标，这座不带"国"字头的人民艺术剧院已然浓缩了近70年中国戏剧的发展历程，也记录了广大戏剧观众对舞台艺术的忠实守望。

1950年1月1日，以李伯钊为院长的北京人民艺术剧院（现北京人民艺术剧院前身，后多被人称为"老人艺"）成立。这是新中国成立后从文工团转型走向剧场艺术的综合性艺术剧院。除话剧之外，"老人艺"的演出还包括音乐、舞蹈和北方昆曲等艺术形式。一批从延安等解放区（包括长征、抗战、解放战争各时期）和新中国成立前后从上海、广州、香港以及海外归来的艺术家们纷纷成为这一艺术团体的成员，剧院一度容纳400余人。

从华北人民文工团到"老人艺"成立的两年间，作为革命者的老一代艺术家们也恰好见证了新中国成立的过程。随后，"老人艺"经过衍生、重新组合成新人艺、中国歌剧院、中央歌剧院，以及北方昆曲剧院。这里的人们也纷纷走向新中国各艺术院校、艺术院团和文化管理部门，为新中国

文化艺术发展储备、培养了大批人才。

1952年6月12日，新组建的北京人民艺术剧院在史家胡同56号院（今20号）建院。戏剧家曹禺被任命为新的北京人民艺术剧院首任院长，焦菊隐、欧阳山尊为副院长，赵起扬为秘书长。

建院后的首个任务是"下厂下乡"。夏淳、蓝天野、英若诚、梅阡等一大批今天我们心目中的戏剧大师，在那一时期均由院领导带队分组进入工厂、农业社，在随后的几个月时间深入生活，改造思想、坚持政治学习和现实主义创作方法的探讨。就是在这一时期，大家集体创作出了首批原创剧目《喜事》《麦收之前》《夫妻之间》和《赵小兰》。这四部小戏1953年在大华电影院公演，也成为第一代人艺编导之间相互磨合、彼此熟悉的例证。"四小戏"演出不久，又迎来了人艺建院后的首部大戏《春华秋实》。

《春华秋实》是由人民艺术家老舍创作的，最初名为《丁经理》。描绘了与资产阶级不法行为斗争的故事。1953年，这部剧在北京青年宫首演，随后又到天津第一工人文化宫进行外省市的巡回演出。同年11月，老舍创作的另一部经典作品《龙须沟》再次上演。新中国成立初期，刚刚旅美回国的老舍听闻北京市政府将南城原来的臭水沟进行了彻底改造，让曾经棚户区底层百姓的生活有了很大改善，这一切让他深受感动，也促使他写下了《龙须沟》。这一剧本经由导演焦菊隐的改编和舞台再创作，成了新中国戏剧史上的经典之作。北京人艺在此后多年间不断坚持的现实主义创作道路也由此形成。

与此同时，戏剧演出中的外国剧目不断增加。1952年5月，中国青年艺术剧院和北京人民艺术剧院联合演出古典名剧《钦差大臣》；1954年4月，为纪念莎士比亚诞辰390周年，上海和北京先后演出了《哈姆雷特》片断和《罗密欧与朱丽叶》全剧；同年7月，为纪念契诃夫逝世50周年，上海人民艺术剧院演出了契诃夫独幕剧《蠢货》和独角戏《论烟草有害》，中国青年艺术剧院演出了独幕喜剧《求婚》；7月，上海人民艺术剧院、上海电影演员剧团演出了萧伯纳的《英雄与美人》等剧本片断，中国青年艺术剧院演出易卜生名剧《娜拉》。外国经典剧目的演出，促进了中外戏剧艺术交流，也扩展了中国戏剧人的文化视野。源自苏联、由斯坦尼斯拉夫斯基创立、带有现实主义特色的演剧体系——斯氏体系受到了中国戏剧界的高度重视。1954到1957年间，列斯里等7位苏联戏剧专家来华任教。

·《龙须沟》编剧：老舍，导演：焦菊隐，首演时间：1953年11月13日

·《茶馆》编剧：老舍，导演：焦菊隐、夏淳，首演时间：1958年3月29日

话剧《茶馆》在这里诞生

1956年的一天，老舍先生带着一部尚未定名的新剧本从家中兴奋地步行来到首都剧场，迫不及待地和曹禺、焦菊隐、欧阳山尊、赵起扬、刁光覃、夏淳等人分享。故事从"戊戌变法"开始，一直写到建国后的第一次选举。院长曹禺听后认为其中一场发生在茶馆的戏非常精彩、人物鲜活，于是大家建议以这场茶馆的戏来发展成多幕剧，故事的名字就叫《茶馆》。新剧本完成后，经过焦菊隐和夏淳两位导演的再度舞台创作，《茶馆》首次被北京人艺搬上舞台。首演半个多世纪以来，《茶馆》已成为北京人艺的"看家戏"，也是中国演出场次最多的剧目。1980年《茶馆》还应邀赴西德、法国、瑞士等国访问演出，这是中国话剧第一次走出国门，之后该话剧又多次赴国外及我国香港、台湾等地区演出。

与《茶馆》几乎同时期登上首都剧场首演的剧目还包括《雷雨》《日出》《骆驼祥子》《虎符》《北京人》《名优之死》《蔡文姬》《武则天》《关汉卿》等。此时，焦菊隐有关"话剧民族化"的主张被再次明确，并在首都剧场的舞台创作中进行大胆实践。经过反复的探索、实验，创作出一大批具有不同艺术风格和艺术追求的优秀剧目，为北京人艺的剧目建设和创作风格开拓出一条新路。

20世纪60年代末，北京人艺的名字先后改为"北京人民文工团""北京话剧团"。

人艺重生复演，热情的观众挤塌了剧场的南围墙

1978年4月，邓颖超同志给曹禺打了一通电话，对于北京人艺恢复院名、建制，以及曹禺重新被任命为人艺院长一并表示祝贺。再度焕发艺术生机的首都剧场陆续复排了《蔡文姬》《茶馆》《雷雨》《骆驼祥子》等一系列原创经典。等待多年的观众更是迫不及待地走进剧场看戏，以至于在《蔡文姬》演出开票之时，剧场前广场被围得水泄不通，热情的观众挤塌了剧场的南围墙。

中外戏剧交流的"围墙"也很快被冲破。1982年，北京人艺版《贵妇还乡》首演。瑞士剧作家迪伦马特笔下看似荒诞的现实主义故事在蓝天野的执导下成为首都剧场多年来的保留经典。之后，几部美国剧作也来到中国——1983年，剧作家阿瑟·米勒来华亲自执导他曾获托尼奖、普利策奖双料奖的《推销员之死》；1985年，反映美国养老院生活的《洋麻将》被于是之、朱琳、谢延宁成功演绎；1988年，查尔顿·赫斯顿和任鸣共同执导《哗变》……值得一提的是，著名表演艺术家、翻译家英若诚先生在剧本翻译和艺术交流中也功不可没。

与此同时，一批讲述中国人生活百态的原创剧目不断出现在首都剧场的舞台上。1985年首演的《小井胡同》描写了北京城南一条小胡同从20世纪50年代至70年代的历史变迁和这里的百姓生活。1986年首演的《狗儿爷涅槃》被媒体称为刻画农民最成功的作品。1988年《天下第一楼》上演，本剧以"全聚德"为原型，描写了老字号烤鸭店"福聚德"的曲折发展历程，歌颂了卢孟实、玉雏姑娘、罗大头、常贵等人的聪明才智、事业心与实干精神。

从20世纪70年代末开始，首都剧场的戏里戏外都在进行着剧目和创作者的传承与接力。濮存昕、梁冠华、杨立新、冯远征、宋丹丹等一批批戏剧人走进这里，与老一代艺术家同台复排经典老戏，也同时实践原创新剧，对他们而言，演戏的过程也是看戏、学戏的过程。1997年，纪念曹禺先生逝世一周年，北京人艺老中青三代演员同台演出《雷雨》；同一年，建院45周年纪念作品《古玩》首演，谭宗尧、梁冠华、濮存昕、冯远征、龚丽君等人艺最具实力的中青年演员悉数登场，创造了首轮连演75场、场场爆满的佳话。

新世纪的新面貌、新成就

2003年3月，北京人艺实验剧场落成并正式启用。《男人的自白》《合同婚姻》《油漆未干》《第一次亲密接触》等剧目在这里上演。观众由此可以近距离地感受剧中人的呼吸，形成与首都剧场不同的观演体验。当然，全国各地的话剧迷们走进小剧场看戏也蔚然成风。

2009年，由刘恒编剧，林兆华导演，何冰、宋丹丹、杨立新、徐帆、濮存昕主演的话剧《窝头会馆》首演，首轮36场演出票房突破千万，创下了北京人艺历史票房奇迹。2011年，陈道明、何冰二人合演《喜剧的忧伤》，本土化的剧本改编和演员的高水平演绎满足了场内观众的审美期待，也让没有抢到票的观众略有唏嘘，甚至感慨首都剧场的空间能不能再大些，好戏能不能更多些。

2012年，人艺60周年纪念演出《甲子园》亮相首都剧场，这部大戏汇集了朱琳、蓝天野、郑榕、朱旭、吕中、徐秀林等人艺建院时的元老，也有刚从中央戏剧学院分配到人艺的大学生。这是一次属于北京人艺的全家福，也是中国戏剧史上值得纪念的辉煌时刻。从建院时的首部大戏《龙须沟》算起，如今在首都剧场的舞台上，已上演300多部中外剧目，演出场次数以万计。

2018年，位于首都剧场东侧不远处的北京国际戏剧中心工程建设正式开工。不久的将来，首都剧场、北京人艺实验剧场、菊隐剧场和两个新剧场将同时进行艺术生产，舞台更多，空间更大，热爱戏剧的人们也将有更多选择……

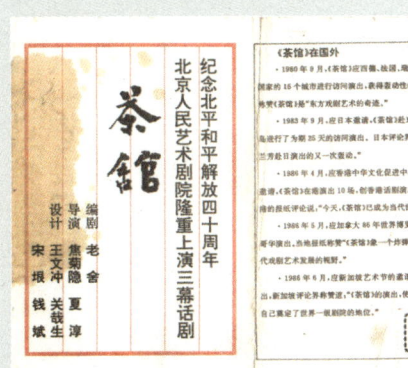
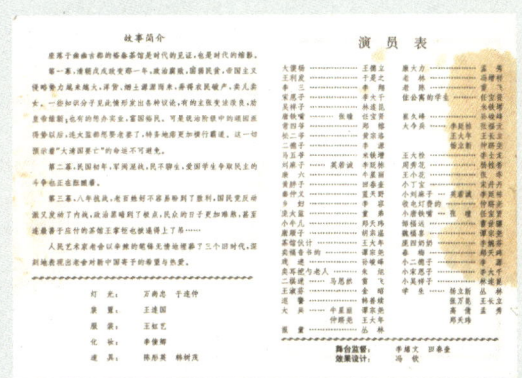

· 1992年《茶馆》演出宣传页　　　　　　　　　· 1992年《茶馆》演员名单

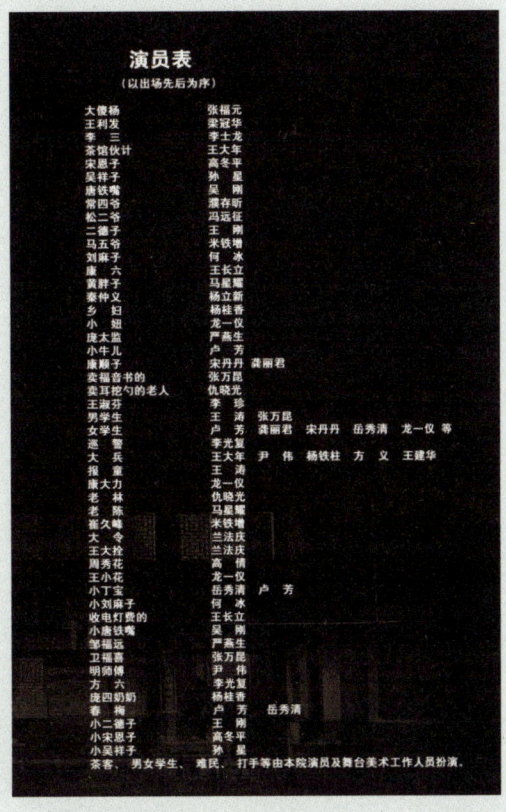

· 2009年《茶馆》复排宣传页　　　　　　　　　· 2009年《茶馆》复排演员名单

见证70年

首都剧场
CAPITAL THEATER

新中国文化生活记忆

从舞台上演"洋范儿"到探索话剧艺术的民族化，需要很多年的努力

见证人：蓝天野

著名话剧表演艺术家、书画家，北京人民艺术剧院导演、演员

1949年开国大典时，22岁的蓝天野从位于北京市东城区棉花胡同的中央戏剧学院宿舍一路走到天安门广场，加入欢庆的人群。几年后，北京人民艺术剧院建院，"蓝天野"这个名字写在了当时位于史家胡同56号院人艺集体户口上的第一页，很多人后来称他叫"大家长"。再次回想自己从事的戏剧工作，蓝天野认为这既是革命的需要，也是他和舞台的缘分。

蓝天野：1944年，我在当时的国民党统治区上学，课余时我演话剧，学校剧团里都是学生骨干。两年后根据当时中国共产党地下党领导的指示，我们这些人的工作重点就放在了戏剧上面。从那时起，戏剧就成了我一生的职业。

我是从两岁开始就被父母抱着去戏院看京剧的，到今年，我的戏龄整整90年。舞台对我来说一直不陌生，然而我从事的话剧，它原本是从西方传来的舶来品，很长一段时间以来，我们在剧本的写法、演员的演法上，都是偏于西化的表现。像我年轻的时候演戏，不管什么戏演的都是"洋范儿"。

很多前辈戏剧家也在探索中国话剧的民族化，比较突出的一位是我们北京人艺的总导演焦菊

· 蓝天野

隐先生,他公开正式提出来是在1956年。焦菊隐先生原来是北师大外语系主任,早年留学法国,英语、法语都非常好,后来又自学了俄语,所以他翻译了很多包括斯坦尼斯拉夫斯基等人的作品,甚至还翻译了几乎全部的契诃夫小说和剧本。

1954年到1956年,我去表演干部训练班学习,给我们教课的苏联专家后来还主动到北京人艺教课,所有听课的人中最用功的就是年纪比苏联专家还要大而且已经是很有成就的焦菊隐先生。他能翻译,又肯下功夫。很快他就正式提出:要探索中国话剧的民族化。

焦先生探索的第一步是向中华戏曲学习,他让演员每晚看京剧,第二天在排练场不管适合不适合,都要跑圆场或者抖水袖。按他的说法就是:"要矫枉必须过正,你要是怕弄得过了,不敢,就永远迈不好这一步。"焦菊隐先生有一系列的探索,也写了很多经验总结的文章。1963年,他找我协助他工作时,我就听到他正式提出来要探索话剧的中国学派,后来因为客观条件限制,他自己没能再继续做下去,这很可惜。这两年,我还在演戏,我也还能排一两个戏,如果可以实现,我就收山了,真的要告别这个我热爱的舞台。

"看完《雷雨》，我就决定一辈子干这行！"

见证人：顾威

北京人民艺术剧院导演、编剧、演员

多年前，作为北京一名普通的高中生，顾威到北京人艺看了一部话剧，正是这部剧影响了他日后的选择。

顾威：1954年我还在上高中，到北京人艺看了郑榕、朱琳和苏民主演的《雷雨》，那是北京人艺的第一版《雷雨》。我真是激动不已，这是我第一次看这么震撼人心的话剧。学生时代，我也搞学生戏剧，也会到专业剧院跑过龙套，但看完这出《雷雨》后我就决定要一辈子干这个！那时我报的是戏文系，之所以没有报表演专业，是因为我是近视眼，不达标，想进学校后再看看能不能转系。可是没想到，戏文系没录取我。不过就在这时我接到一个通知，对方说："你愿意参加表演系三试吗？这不正好是你的第一志愿吗？"于是我就去考试了，结果还真就被录取了。

1969年，我正式去北京人艺报到。在人艺舞台上跑了十年龙套后，接到了话剧《伊索》的B组主角。演过的所有戏中，我收获比较大的是《推销员之死》，其中的意识流、闪回等非现实主义的表现因素是我第一次接触。当时英若诚导演找我时就说："这个戏你要拿下来，舞台上就没挡儿了！"那也是我第一次跟朱琳老师合作，简直是诚惶诚恐。朱琳老师就说："你别拿我在台上当你的老师，我就是你老婆。"

·《雷雨》编剧：曹禺，导演：夏淳，重排导演：顾威，首演时间：2004年7月22日

我要演一个与以往不同的《雷雨》，作为送给人艺的礼物

见证人：濮存昕

国家一级演员、曾任北京人民艺术剧院副院长

· 濮存昕

1952年北京人艺成立时，一直致力于进步话剧运动的父亲苏民就成了这里的第一代演员和教员。于是，首都剧场就成了濮存昕从小到大的家。曾经阴错阳差地离开这个家，却又兜兜转转地最终回归这里……

💬 **濮存昕**：我就生在这个剧院，我父亲和他的同事们是看着我长大的，我也是看着他们变老的。50年代开始我就在这个剧场里看着那些当时我还看不懂的戏，也记得戏里面的一些片段。记得一些叔叔阿姨在舞台上的瞬间，他们站在舞台上忘我地如生命的绽放、倾泻和喷涌。一回到侧幕条则累得要靠人扶，饮口水，喘口气，就又上场了。我在侧台看着他们，他们就是这样告诉我："你得掏心窝子玩命演。"或者说你必须要用生命去表达。

今年演《洋麻将》，我66岁；当年于是之老师演《洋麻将》时，他才57岁，那时的他已是老态龙钟，脑软化的程度已经有了初始征兆。于是之老师曾经说他最爱想的就是两件事：一是怎么才能让观众走进剧场，二是如何让剧院更能遵循艺术生产规律。

我们总在说："演不尽的雷雨，说不尽的曹禺。"很多年前我就演了《雷雨》，但我直到现在都觉得我始终没有超越我父亲演的周萍。现在我慢慢地重新开始理解这部经典，也在酝酿着新的演出样式。但是目前还没有具备条件。我希望我可以用一个完全与以往不同的《雷雨》，作为礼物献给这座剧院，然后我再彻底告别首都剧场的舞台。

我们曾提着大刀站在舞台后看他们演《蔡文姬》

见证人：杨立新

北京人民艺术剧院演员、导演

很多电视观众都是从情景喜剧《我爱我家》开始熟悉他的，而在首都剧场的舞台上，他塑造了《茶馆》《天下第一楼》等多部剧目中的经典形象。他说同样的故事，因为北京人艺的艺术眼光，讲出来的味道就会很不一样。

杨立新： 我是一个话剧演员，北京生、北京长，还在北京人艺搞话剧，这是一件很幸福的事。我1975年进入北京人艺，我们这一代人非常幸福，来剧院时见到的已经是辉煌中的北京人艺了，那时老一辈艺术家都在，我们有将近20年的时间跟着他们近距离学习。1977年，北京人艺恢复话剧《蔡文姬》的排练和演出。我在里边是群演，举着大杆，下一场就换一身衣服挎一个刀，刁光覃先生演曹操、朱琳演蔡文姬、苏民演周进、童超演左贤王、蓝天野演董祀、赵韫如演曹操的夫人、赵四娘是吴淑昆演、曹丕是董行佶演，一台都是大家。后来，侯宝林先生和侯耀华都说："你们太幸福了，你们看戏那个位置是不卖票的，而且你们天天站在台上看他们演戏，这比读研究生学的东西更多！"我们就这样跟他们在排练场排练，在舞台上合成，一起上台演出，被"强制"站在舞台上看1场、看10场，看50场、看80场，是提着大刀（道具）看，聚精会神地看，眼睛不能跑神地看！

舞台演出是一个离不开实践的艺术，那段时期对我们最初的成长真是有着特殊的意义。

· 杨立新《龙须沟》剧照

从《茶馆》里的小孙女到
人艺唯一在编的女导演

见证人：唐烨

北京人民艺术剧院导演

2019年初夏的一天，北京人艺近20位《古玩》剧组演员出现在北京琉璃厂，和北京市文物公司、荣宝斋的文物专家、非遗传承人进行交流，上手体验古玩业界的规矩与传统。有意思的是，带领这群高大威猛的男演员体验生活的人是一位看起来娇小温柔、却是执导了多部人艺大戏的女导演——唐烨。

唐烨：我在北京东城长大，从小就到人艺来看戏，跟这里很有缘分。在人艺所有老艺术家最后一次演出《茶馆》时，需要一个儿童演员演孙女，我误打误撞就来了。几场演出后，于是之老师就找我说：办手续，来吧！于是我从演员干起，一演就演了十几年。

直到2007年，我正式做导演。一般来说男性导演比较大气，他们会在很多大地方着眼，比如《古玩》中有一个女性角色，我觉得以前的版本中她被忽略了，因为她三次上场都显得很匆忙，我们的效果老师就说："我可不要煽情。"但我觉得这个地方恰恰应该更细腻，这可能就是一些人物处理时着眼点的不同，作为女导演，我某些时候可能会更细腻。当然，每次想要煽情时，我都想先克制，非煽情不可时再说。

有一句话说：导演要在演员后面。比如我们排《洋麻将》，龚丽君、濮存昕二位老师都有特别多的粉丝。我们《洋麻将》演几场，观众

· 唐烨导演《关汉卿》剧照

就买多少场的票。这些观众特别可爱,知道我们要排《洋麻将》,六个酸奶就准备好了!他数着我们的人说,你们一个场地加上一个舞台监督,几个演员,你们组应该是6个人。演出结束后,这些粉丝们还给龚老师做小靠垫,小扇子,然后他们也会说,这是给唐导的!我觉得特别感动,而我能带给他们的就是作品了。因为有他们,我们得更努力!比如观众排长队买《茶馆》《窝头会馆》的票,这就是另一种鞭策。我也希望除了这些经典保留剧目外,我们的每一部戏就能有自己的好品质。

长相曾让我的表演之路充满坎坷，但走进人艺我发现原来我可以

见证人：冯远征

北京人民艺术剧院演员队队长、演员、导演

2001年，一部名为《不要和陌生人说话》的电视剧，让冯远征被观众所记住。虽然形象上与那时人们习惯的浓眉大眼帅气形象的审美不同，但冯远征用他对表演的痴迷让角色扎扎实实地立于观众心中。1985年，同样是这份对表演的坚定，让他考进了北京人民艺术剧院。

◎ 冯远征：我是在北京空军司令部大院长大的，小时候有很多梦想，比如当数学家，像陈景润研究哥德巴赫猜想一样。后来突然有一天，我被通知参加跳伞选拔，因为我眼睛特别好、各项体检都合格。结果一跳就是四年，甚至差点成了专业运动员。之后我去拉链厂当工人，那时我就被厂里的一群文艺青年给带着学表演了，学完表演以后，一下就喜欢上了人艺，就觉得来这里才是我的志向。

1985年，我考进北京人艺。现在回想起来应该说是水到渠成。那时人们的审美是浓眉大眼，所以我一直被认为形象不够帅，长得不好看。

· 冯远征《杜甫》剧照

而当我第一次走进北京人艺楼里面试时,考官中包括于是之、朱旭、蓝天野、郑榕、英若诚等当时人艺的老演员全在座。这些都是我最崇拜的艺术家,所以当时我真的就是蒙着考了复试。自己究竟演了什么、说了什么,已经全都不记得了。但是很有幸,我能够进了剧院。

北京人艺最早有好多人都是从延安来的,那会儿都是叫生产队等,所以北京人艺也有了我们的演员队。现在全中国可能只有北京人艺叫"演员队"了(其他一般都叫演员剧团,或者演员中心、管理中心等)。所以今年参加全国两会时,我说我是演员队队长。大家一听都觉得这是人艺的特色,很朴实、很亲切、很接地气。演员队是个让演员有家的感觉、有归属感、有问题可以找的地方。所以我很喜欢这个名称。

在大连艺校排《雷雨》演鲁妈时，我就在想，我应该能演繁漪

见证人：龚丽君

·北京人民艺术剧院演员

1989年，还在读大学三年级的她饰演了北京人艺第二版《雷雨》中的繁漪，从此开始了她与周公馆二十多年的缘分。1991年大学毕业后，她顺利进入北京人艺，是北京人艺的舞台上一位不可多得的"大青衣"。她钟情于话剧舞台，每年都参与多部作品的演出，被誉为"北京人艺的话剧皇后"。

💬 **龚丽君**：我还在中戏上大学二年级的时候，人艺正好要复排《雷雨》，老师就给我打电话，说人艺让你去一趟，我说什么事？老师说可能有戏要找你排。我说，好吧。我就骑个自行车来了。

到了人艺的化妆间他们告诉我，马上要排的《雷雨》想让我演繁漪。我心想：这么大的角色！但是我没觉得很吃惊，也没觉得意外，为什么？因为我对这个戏的了解是很深的，对这个戏太熟悉了。在考戏剧学院之前，我在大连艺校上了三年的中专，学话剧专业，我们当时就排过《雷雨》，那会我演的是鲁妈，当时我就在想，有一天我应该演繁漪。

这一天还真就到来了，我的愿望实现了！从大二登上首都剧场舞台到今天，整整30年！

十多年前的一次忘词，让我直到今天想起来都会打激灵。那次是演《李白》，平时每次上场的时候我都会把这个角色需要的包袱以及各种东西全部都拿好。那天演出，也不知道怎么

·龚丽君《雷雨》剧照

了,我就忘了拿那个包袱了,直接去候场。突然想不行,包袱没拿,一看还有时间,就撒开腿往道具室跑,等拿回来的时候我就听见台上喊:"夫人到!"该上场了!我扔下包袱就上去了,上去以后站在台上,突然就蒙了:我该说什么?脑子一片空白,我只能大人、大人,喘半天,说不出话来了。后来别的演员递了一句台词:大人,我看还是让夫人先下去休息。就给这么一句的空档,我一下子就醒了,就知道我该说什么,然后就开始正常演戏了。

下来之后,所有的演员都说:"龚姐你知道吗?我们出了一身的汗!"虽然时间不长,但是在场上停一两秒都是很致命的。后来我就想,为什么所有的老演员都习惯在演出之前站在侧幕条那儿候场做好准备?那是有道理的,你不能让自己慌,因为常年你都按照这个习惯这么走了,一旦不遵守这个规律,你的记忆就会让你出洋相,就会给你一个教训,所以那是我最大的失误,一辈子忘不了。

爱情的甜言蜜语
是会说尽的，
而志同道合却是长久的

见证人：王雷、李小萌

北京人民艺术剧院演员

从建院开始到今天，每一代人艺演员中都会产生夫妻档：从蓝天野和辛狄、刁光覃和朱琳等老一代革命伉俪，到冯远征和梁丹妮、吴刚和岳秀清、胡军和卢芳、余震和辛月等中青年夫妇组合，这让北京人艺的院子里总有家的味道。作为年轻一代的演员代表，王雷和李小萌也以舞台为媒，成为亲密爱人。

💬 **王雷：**2005年，我们俩是通过一部大剧场话剧《全家福》认识的。演出的时候冯远征老师请杨亚洲导演来看戏，之后我就进了杨亚洲导演的《大浴女》剧组演男一号，同时第一次见到了小萌。我们认识一年后，在关系尚未明确时，我请她来人艺看我演的另一部话剧《哗变》，这是小萌第一次来人艺看话剧，这部剧之后，我们的恋爱关系就确定了。所以北京人艺确实是跟我们的生活分不开的。包括很多人艺的老师们都是在这里相识相爱走到一起。我觉得这是人艺特别人性化的地方，让人觉得特别温暖，特别有爱。

我们在家里避不开聊戏，这也是我们生活的一部分。从老一辈到现在一直都是这样一个传承。

💬 **李小萌：**我一直都觉得爱情里的甜言蜜语是会聊光的，但是当两个人志同道合，两个人有共同热爱的事业，这个话题就是聊不尽的。比如戏剧艺术，这是我们需要用一辈子去探索的一个共同的事业。

· 王雷、李小萌《古玩》剧照

跑龙套经验都是一点一点画到身上的

见证人：孙茜

北京人民艺术剧院演员

从《骆驼祥子》泼辣蛮横的虎妞到《甲子园》内心情感复杂的陈爱林，孙茜总会在话剧舞台带给观众不同的惊喜。而北京人艺让她记忆最深的是那些跑龙套的日子。

孙茜： 杨立新老师曾经和我们说："跑龙套是非常珍贵的一个体验，大学生毕业如果没有跑过龙套就演主角，这对一个演员是一种伤害和遗憾。"我第一次演剧院的戏是《全家福》，我演三个龙套，北京人艺的传统是自己化妆，而我要化三个妆。前几场时同台的演员回到化妆间和我说："茜茜，你能不能不要把眼影画成那样？太翠了！你这样我们会跳戏的！"之后我就慢慢明白了眼影该怎么画，知道普通人物应该怎么去找角色的脸部结构，这些真的是在一次次的跑龙套生涯中去学习的。还有场上的感觉，可能今天来的都是学生，这场就会特别的热闹，特别多的掌声，我就要尽可能地用表演去把台词让一让，把掌声让一让，如果你还是按部就班地去说台词，观众可能在掌声中就听不到你的台词，这些都是在跑龙套的时候，磨炼出来的技巧，一点一点积累在自己身上，画在自己身上的，所以跑龙套还挺重要的。

· 孙茜《玩偶之家》剧照

来到这里我才知道,每个龙套角色都要写人物小传

见证人:刘辉

北京人民艺术剧院演员

北京人艺后台的一号化装间是每部戏主角的化装间,80后演员刘辉怎么也没有想到自己刚过30岁就坐在了这里。"一号"的压力和责任都很大,《天下第一楼》《大讼师》这些大戏的出演,也让他从"抬柱子"变成了"台柱子"。

💬 **刘辉:** 2006年我从上海戏剧学院毕业,来参加北京人艺的考试,接到被录取的电话时,我特别激动,觉得那是我一生当中听到的最好的消息!可能我的气质比较适合北京人艺。最初看话剧的时候,我也喜欢北京人艺的风格。

来到人艺之后,我创作的出发点和以前不太一样,人艺的演员比较认真和严谨。第一个戏就是跟顾威老师排小剧场话剧《东房西屋》。我那个角色非常小,只有几句台词,顾老师让我去写人物小传,我说就这么两句词让我写人物小传?我上学的时候也写过人物小传,那时候是主演才写的,一个龙套让我写,我真写不出来!但是,这种创作方法就留在我心里了。人物的之前、之中、之后,从哪来?怎么想?怎么做?他的生活习惯是什么?当时这些老艺术家们留下的创作方法,我觉得现在是人艺最瑰宝的东西。你单说哪个戏怎么演,我觉得好多演员其实经过努力都可能会做到,但是创作方法是人艺现在最珍贵的!

《天下第一楼》中的卢孟实是我非常迷恋的一个角色,我真是没想到这角色能轮到我头上,我觉得这人跟我很像,我觉得如果我身上有这东西,塑造起来可能会更得心应手。

· 刘辉《天下第一楼》剧照

上首都剧场看剧，是我生活的一部分

见证人：温春萍

观众、银行职员（退休）

💬 **温春萍**：我就在首都剧场旁边的胡同出生，小时候爸爸妈妈都上班了，我们这帮小孩就三一群俩一伙地商量上哪玩，胡同当然没有人艺门口的大操场面积大了，我们就上人艺里头玩，看门的老大爷也和善，不管我们，我们就在写着"首都剧场"的大石头上跳上跳下。

从小就上首都剧场看戏，现在已经是我生活的一部分了。1992年的《茶馆》，于是之这一代老一辈演员的告别演出连演三场，我就买了三场的票，连看三场。特别值得，看完了以后心情久久不能平静，因为太难得了，每一个角色都可圈可点，是那种过目不忘的深刻印象。每次看戏我都要坐前面，这样能看清演员每一个微小的动作。比如说于是之老师，平时看着就一特朴实的北京老大爷，但是他在台上把握的火候不温不火，把王掌柜的那种懦弱自私，见什么人说什么话，"不得已的时候，我也会说点软话，在达官显贵面前，我也说两句奉承的话"的人物个性、语气动作把握得特别好。

于是之老师演的王掌柜，常常是肩膀往前这么探着，两个手垂着，手摆成什么样子……这种小细节，给你印象太深了：站那儿什么样？扶

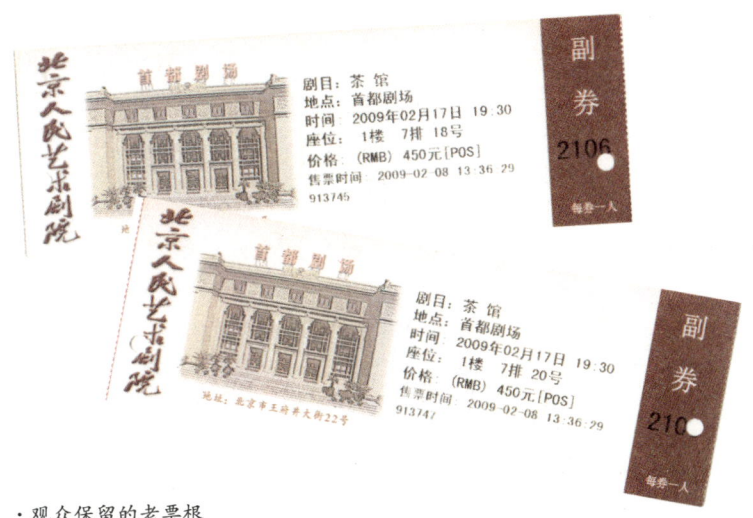

· 观众保留的老票根

着桌子的时候什么样？站在柜台里什么样？最后撒纸钱的时候，那种悲凉，自己给自己祭奠一下，包括叠纸钱，叠完后递给秦二爷，每一个折叠的动作，折上、再一折，就这些动作的节奏，让你看，一步一步一步，心就开始往下沉，那时候我还小，1992年，我才20多岁，但他的表演就会让你确确实实地融进剧情，你的心就会随着那个节奏，一点一点一点陷进去……

复排的时候我又看了，2009年，相隔17年之后，那是带着儿子看的。台上也都是当时一流的演员了，有的在1992年演的小字辈，在2009年都挑大梁了。对比之下，真的很感慨。

蓝天野老爷子也是我最喜欢的一个人，帅透了！《茶馆》里演的秦二爷，太棒了！2017年他演的《冬之旅》我也看了，90高龄的他在台上，看着我就眼泪直流，演得太好了，《茶馆》那时候意气风发的年轻帅气就浮现在眼前，他带着跟于是之老师他们不一样的派头，就是那种洋气，用现在的话说，就是"男神"了。

大事年表

1956
首都剧场建成后的9月24日,由欧阳山尊、柏森导演,杨薇、周正、方琯德、于是之等主演的话剧《日出》登上这里的舞台,这也是首都剧场第一次用戏剧迎接观众。

1953
为了解决北京人艺没有固定演出场地的问题,北京市领导与文化部商榷,决定为北京人艺建造一所可容纳900人的剧场。1953年4月27日剧场动工。1956年,首都剧场竣工,这也意味着新中国成立后第一座以演出话剧为主的专业剧场建造完成,同时可供大型歌舞、戏剧演出和放映电影之用。同年,7月28日正式交付北京人艺管理使用。

1952
6月12日晚,东城区史家胡同56号(今20号)院内举行人民艺术剧院建院大会。北京市副市长吴晗代表市政府宣布北京人民艺术剧院成立,并宣布曹禺为北京人民艺术剧院院长,焦菊隐、欧阳山尊为副院长、赵起扬为秘书长。

1951
1951年秋,中央人民政府文化部提出了文艺演出团体要专业化、正规化和逐步建立剧场艺术的要求。北京市委按照市委书记、市长彭真的意见,经政务院总理周恩来批准,将"老人艺"所属的话剧团与中央戏剧学院所属的话剧团合并,建立一个隶属于北京市的专业话剧院,并沿用"北京人民艺术剧院"作为院名。

1961
时任北京人艺党委书记赵起扬主持制定了《有关艺术生产的十项章程》,为人艺高质量艺术生产建立了制度保证。

1980
《茶馆》赴德国、法国和瑞士演出,开创了中国话剧走出国门之先河。此后,剧院的《茶馆》《王昭君》《天下第一楼》《推销员之死》《狗儿爷涅槃》《鸟人》《阮玲玉》《古玩》等戏先后出访了日本、加拿大、新加坡、韩国、埃及等国及中国香港、台湾、澳门等地区进行演出。

2003
3月,北京人艺实验剧场落成并正式启用。从此,北京人艺形成首都剧场、人艺小剧场、人艺实验剧场鼎足而立之势。

2007
展示北京人民艺术剧院发展历程的戏剧博物馆落成。

2012

6月，北京人民艺术剧院迎来建院60周年华诞。同年，集创作、制作为一体的北京人艺艺术创作中心在北京怀柔区正式落成。

2018

话剧《茶馆》上演60周年，迎来第700场演出。

12月北京人艺启动"东扩"项目，北京国际戏剧中心正式开工，项目位于东城区王府井大街首都剧场院内。未来，北京国际戏剧中心将作为北京人民艺术剧院弘扬优秀戏剧艺术传统、进行国际交流的重要演出场所。

2019

人艺安排演出剧目三百余场，全年演出围绕新中国成立七十周年这一主题安排《我们的荆轲》《李白》《司马迁》三部古典题材作品陆续走出国门，向世界展示中国传统文化的美和力量。

记者手记

多年前第一次听到"戏比天大"时感觉很抽象。直到走进首都剧院排练厅，看到一侧米色墙面最上方贴着四个大大的描边红字，我才感觉比天还大的戏，可能就在这里。

首都剧场有很多大众眼中的"腕儿"，也有很多需要努力排长队还不一定能抢到票的剧目。有人说这里的舞台有灵气，站这儿演戏和其他地方不一样；有人说能不能来这看想看的戏靠运气，坐这里头看戏舒服、投入，戏看完了再回去心怀文艺、好好生活。

哦对了，其实"戏比天大"后面还有一句"德比地厚"，这几个词没贴在墙上，但留在了人艺的舞台上。

北京展览馆

BEIJING EXHIBITION HALL

"政治符号"转向"文化符号"

本节撰稿：王雪　郭兴波

北京展览馆
扫一扫，随时听

北京展览馆不仅见证了中苏关系的变迁

更见证了当代中国社会以及北京人文化生活的历史变迁

即使到了今天

无论是到北展来看展

还是到老莫餐厅享受一餐俄式美食

或者只是匆匆路过西二环

只要一抬头看到那高塔的尖顶

就能够感受到这一文化地标带给人们的精神慰藉

回望 70 年

北京展览馆
BEIJING EXHIBITION HALL

新中国文化生活记忆

"几年以后,我搬到西郊来住,照例四点起床,坐在窗前工作。白天透过窗子能够看到北京展览馆那金光闪闪的高塔的尖顶,此时当然看不到了。但是,我知道,即使我看不见它,它仍然在那里挺然耸入天空,仿佛想带给人以希望,以上进的劲头。我仍然是乐不可支,心也仿佛飞上了高空。"

这是季羡林先生在他的散文《黎明前的北京》中的句子。时过境迁,先生已仙逝,但那金光闪闪的高塔尖顶以及那颗红色的五角星仍然矗立在那里,从20世纪50年代中期建成至今,不仅见证了中苏关系的变迁,更见证了当代中国社会以及北京人文化生活的历史变迁。即使到了今天,无论是到北展来看展,还是到老莫餐厅享受一餐俄式美食,或者只是匆匆路过西二环,只要一抬头看到那高塔的尖顶,就能够感受到这一文化地标带给人们的精神慰藉。60多年过去了,初建时的苏联展览馆早已更名为北京展览馆,经过了大规模的改造与翻修,性质也由最初的事业单位转型成为企业单位,但人们与这座建筑的故事仍在不断续写。北京文艺和文化堪称中国文艺和文化的缩影,而北展,就是我们管窥北京文艺和文化生活的一个重要窗口。

· 今天的北京展览馆

· 2004 年的北京展览馆

展馆起源：中苏友谊的珍贵结晶

随着1949年底毛泽东主席访问莫斯科和1950年《中苏友好同盟互助条约》的签订，中苏两党和两国关系加速升温。在这样一种彼此都乐见其成的情况下，1952年，政务院经济委员会副主任李富春同志访问苏联便成为一个契机。1953年，中苏双方协商一致，拟在北京西郊建设苏联展览馆。10月15日，建馆工地举行了隆重的开工典礼，毛主席亲笔题名"苏联展览馆"。随后，伴随着秋日的暖阳，项目开始动工。仅用一年时间，1954年9月，作为给年轻共和国的五周年献礼，苏联展览馆建成。

建筑竣工后，在《科学通报》上，一位参与了建筑施工的工程人员讲道："我们伟大祖国建国五周年的国庆纪念日来到了，苏联展览馆的建筑工程也已竣工了。当我想到我自己一个将近60岁的工程技术工作人员，能够生活在这伟大的时代，能够参加伟大祖国的社会主义建设事业，能够参加象征着中苏伟大友谊的苏联展览馆建筑工程的工作，内心真感到无限的兴奋和激动。"

当建筑承载了期待，它就被赋予了特殊的意义；当建筑凝聚了心血，它就有了鲜活的生命力。

苏联展览馆的设计参照了莫斯科全苏国民经济展览馆建筑样式，后来，由接待苏联来华展览办公室宣传处编辑出版的《苏联展览馆》宣传手册称："它的设计图纸有一万五千张，加上晒的蓝图总共有五万张。如果把这些图纸一张接一张地摆开，按一米宽来计算，足可以摆一百里长。"

苏联展览馆由中央大厅、工业厅、农业厅、轻工厅、电影厅、莫斯科餐厅、露天剧场（后加顶盖为室内剧场）和辅助建筑组成。中央大厅上部耸立着80余米高的鎏金塔，塔尖镶有红色五角星，白天在阳光照耀下闪闪发光。中央大厅正面悬挂苏联国徽，两侧有18个拱门悬挂16个联盟共和国的国徽。苏联展览馆当时本身就具备了象征意义，传达着社会主义思想和苏维埃形象，体现着"中苏友好"的主题。

当人们走进展馆，就可以感受到，其主体结构采用了俄罗斯古典主义建筑风格，外部装饰兼用罗马式、哥特式造型元素，内部则大量运用巴洛克装饰和造型艺术，给人典雅、华贵、稳健、庄重之感。

・时任北京市市长的彭真主持开工大典

・施工中的苏联展览馆

・1954 年 10 月，苏联成就展开幕

北京展览馆

建筑装饰上注重象征主义表现手法的运用，用桂叶象征荣誉、橡叶象征力量、麦穗象征丰收；展馆正前方四个劳动人民的形象，表现了劳动、教育和各族人民团结的景象。除此之外，还有代表共产主义和社会主义组织的标志——锤子与镰刀。这些具有象征和代表意义的构件，进一步扩充了展览馆的文化内涵。

另外，报告厅（原电影厅）的藻井、卷草纹，和平友谊大门上的沥粉贴金大字等独特的中式元素设计，这些象征着中苏文化和谐交融的印记，也在这充满艺术价值的建筑中展现得淋漓尽致。

据当时建工部设计局编写的展览馆建筑参考资料介绍："苏维埃的人民建筑师在这一展览馆的创作中，通过所创造出的建筑形象把自己对社会主义祖国的热烈情感，把苏维埃国家的光荣和伟大传达给中国人民。这一形式美丽、体积巨大的建筑物，显示了苏联建筑艺术和建筑科学的辉煌成就。"苏联展览馆在当时也被称为"当时国内造价最为昂贵的俄罗斯式建筑"。

萌芽时期：风雨之中的砥砺前行

新落成的苏联展览馆作为衔接中苏友谊的桥梁，于1954年10月迎来了它第一个展览——"苏联经济及文化建设成就展览会"，这一巨型展会展示了苏联经济和文化建设的辉煌成果，首都群众与来自全国各地的观众达到276万人次。开幕式上，毛泽东、周恩来、刘少奇、朱德、陈云，苏联驻华大使尤金、苏联经济及文化建设成就展览会主任鲍里辛科等等国内外政要均到场参加。

成立初期的新中国以计划经济为主，这一时期发展起来的展览建筑基本以举办政治宣传活动为主，具有浓厚的纪念性、象征性和政治性。为展示社会主义经济建设成就，各省会城市开始建设省级展览馆，其中比较典型的是四座中苏友好馆，除北京展览馆外，还有上海中苏友好大厦（1954年）、武汉展览馆（1956年），长沙中苏友好馆（1956年）。这四个场馆外形风格统一，内部结构基本一致，在当时是非常重要的政治、经济、文化活动场所。

1955年4月和1956年10月，这里相继举办了"捷克斯洛伐克十年社会主义建设成就展览会"和"日本商品展览会"。特别要提的是，"日本商品展览会"展览的"商品"和百姓们的衣食住行密切有关，包括各种家用产品、轻纺产品、化妆品等，都让参观者羡慕不已。圆珠笔、塑料制品、尼龙丝袜、尼龙布料等，已经在日本展览会上见到，当时已经展出了即时转播电视系统，为国人打开了了解世界先进科技的一扇窗口。

1958年，根据周恩来总理提议，苏联展览馆正式更名为北京展览馆。同时，将"苏联电影馆"改为"展览馆电影院"。周边相关装饰也做了相应调整。

变革时期：市场化下的激流勇进

随着改革开放的深入和社会主义市场经济的日益发展，北京展览馆也在社会转轨中寻找自身新的定位。

1984年，北展完成了由事业单位向企业单位的转变，北京展览馆展览服务公司成立，并完成了企业法人执照的办理，标志着展览馆全面进入企业管理。随后，北京展览馆的发展步伐更为迅猛，新建并开发了合资宾馆、星湖饭店、首都广告艺术公司、莫斯科餐厅食品厂、冷饮厂、旅行社及劳动服务公司等。

1990年，第十一届亚洲运动会在北京举行，北京展览馆作为亚运会购物中心，接待了来北京参加比赛的世界各国运动员及各界友好人士。购物中心占地4万平方米，荟萃了全国30个省、市、自治区和台湾部分商社以及外商投资企业的名、特、优、新、精产品22类千万余种。馆内设置了商品展销厅、咖啡屋、啤酒屋等，馆外设有美食街，在北展剧场还进行文艺演出，盛况空前。购物中心开放40天，接待观众累计约160万人次。通过一票难求的盛况，不难看出，在改革开放之初，人们对美好生活的追求。在各种物质生活并不丰富的年代，亚运会购物中心无疑打开了老百姓们的眼界。

在20世纪八九十年代，我国会展业虽然快速发展，但同发达国家相比，仍有明显差距。会展建筑依然存在规模较小、设施水平落后等问题，大多数展馆面积只有1万至3万平方米，仅适用于举办一些小规模的展览会。在这种背景之下，为了适应北京、上海、广州等经济中心城市进行经济交流建设的需要，我国又建造和扩建了多个国际展览贸易中心，其中，北京"中国国际展览中心"和广州"中国出口商品交易会展览馆"的扩建成为典范。

北京展览馆改造的步伐也没有停下，1998年底，为适应举办建国五十周年成就展的需要，北展进行了一次大规模场馆改造，对原东西室外场地封顶改作室内场馆。1999年9月20日，"光辉的历程——建国五十周年成就展"在北京展览馆正式开幕。完成了对中华人民共和国建国五十年来政治、经济、文化、教育、国防、科技等各个领域辉煌成就的一次检阅，展览历时40天，接待来自全国的各界观众100万人次。

盛会之后，在2000年，首旅股份更是融资2亿元人民币，对北京展览馆进行了全面改造，重新改建后的北京展览馆室内展馆共设12个展厅，展出面积2.2万平方米，层高8至19米，空间高大，气势恢宏。馆内的水、电、空调、通信设施等设备也全面更新，并新增24小时安全监控和消防喷淋系统、大型报告厅、会议多功能厅、快餐厅等展会服务功能。北京展览馆所属的莫斯科餐厅和北展剧场也实现了设备更新，基本达到了接待国际性、现代化展会的硬件标准，成为在北京市乃至全国同行业中处于领先地位的综合性会展场馆。

在这个时期建成的具有代表性的会展建筑有：中国国际展览中心（1985年）、天津国际展览中心（1989年）、上海国际展览中心（1992年）、大连星海会展中心（1996年）等。我国的会展事业蓬勃发展，各类展会相继开展，为人民不断送上经济文化的盛宴。

新生时期：全球化下的勇攀高峰

2001年，随着中国正式加入WTO，经济日益走向全球化，在全球化大潮的影响之下，与社会主义市场经济相匹配的商业文化出现，商业意识形态基本构建。为服务于经济发展，这一时期大中型城市纷纷规划城市标志性建筑作为对外展示形象的窗口。2002年，我国展览馆约140多座，展览总面积近100万平方米，"入世"后，随着会展业的进一步发展，一批先进的大型现代化会展中心相继落成，如中国国际展览中心新馆、上海国际博览中心、广州国际会展中心、深圳会议展览中心等，从展览硬件设施上大大提高了我国会展业的水平。

这个时期的会展建筑同之前的展览场馆相比，投资巨大、设施先进，单个展厅面积较大，通用性强，同时注重城市选址与交通规划，多数由具有丰富会展建筑经验的世界一流公司与国内大型建筑设计院合作设计完成，标志着我国会展建筑建设进入了一个新的历史发展时期。

· 展览馆刚建成时，还是露天剧场，这是 1954 年观众观看苏联国立民间舞蹈团演出的场景

2008年8月8日至18日，奥林匹克博览会（奥博会）在北京展览馆举行。中国的首届奥博会，展览了来自国际奥林匹克博物馆的珍贵藏品、23个国家的精品邮集和各国邮票钱币徽章，展览总面积近22,000平方米，每天约接待8,000人次。盛会之后，国际奥林匹克委员会终身名誉主席萨马兰奇先生授予北京展览馆"奥林匹克博览会荣誉证书"。奥运会不但是国人开眼看世界的一个窗口，更是世界聚焦中国的一个历史机遇。在这个阶段，全世界对于中国从好奇到了解，随着越来越丰富的文化生活和互联网时代的到来，中国人的生活变了，世界看待中国人和中国文化的眼光也变了。

在后奥运时代，北京展览馆依然用一个又一个的展会展示着中国和中国人生活的巨大变化，从2009年"辉煌60年——中华人民共和国成立60周年成就展"到2012年的"科学发展成就辉煌"大型图片展；从2014年"澳门特别行政区成立15周年成就展"，再到2016年"十二五"科技创新成就展，北京展览馆始终肩负着承接国家级展会及国事活动的使命，已成为承接国家重大活动的主要场馆。这一个又一个的成就展，就是国家发展的一个剪影，从一个又一个展位上投射出社会的进步和民族的复兴。

见证 70 年

北京展览馆
BEIJING EXHIBITION HALL

新中国文化生活记忆

去北展，看个新鲜

见证人：崔维克

老北京人，北京美学曾琴书研究会秘书长

· 从北展远眺当时的西直门城楼。而这样的景象，只能留在老照片中了

崔维克，一个地地道道的北京人。生于20世纪50年代初的他，提到北京展览馆的时候，眼睛里闪烁着光芒。他的回忆一直追忆到50年代末期，作为一个普通的北京小学生，他最爱跟着家里的大人们去蹭展。在刚刚更名为北京展览馆的50年代末期，埃及展、印度展，以及各种工业展览在北展轮番登场。那时的门票并不对外出售，而是只发给相关单位的相关同志。可是这些只在课本里见过的国家到底什么样子，勾起了崔维克的好奇心。每当家里大人们拿到了北展的国外展会的门票，他就一定要软磨硬泡要求带他也去看看。他回忆说，工业展在那个年代是很多的，在展会上能见到各色人种，非常有意思，喜欢拉着他们拍照，然后洗出来跟同学炫耀见到了外国人。另外，每次去北展，特别爱让家长在各个摊位上收集各种铜版纸印刷的宣传材料。那上面写着的是根本看不懂的外语。回到家以后，这些花花绿绿的材料单页成了崔维克课本的书皮。那些根本看不懂的各国语言，也成了同学们争相议论的话题。在建国之初，北京展览馆的各种展会为老百姓们提供了一个看世界的机会。在百废待兴的年代，人们在这里向往着更美好的生活。

一个火车头，
一段初建时的独特记忆

见证人：张利

北京展览馆党委委员、副总经理

· 毛主席参观北京展览馆

张利，现在是北京展览馆党委委员、副总经理。她从1988年开始就在北京展览馆工作了，在北京展览馆的众多可圈可点的特色当中，她特别介绍了展馆外的一只火车头。在北京展览馆的后湖前面，有一个老火车的火车头，这可不是一个让游客拍照而设立的摆件，可以说它是一个文物，是一个非常特殊的存在。在20世纪50年代建馆之初，为了便于把一些大型展品安全运到馆内，设计师专门搭建了铁轨，这轨道一直通到北京北站，也就是现在西直门的位置，这样就可以把大型沉重的展品直接利用火车运到展览馆来。在全国来说，北京展览馆的轨道和火车头的存在是独一无二的。能让铁路进入展馆，现在想起来也会觉得不可思议，而这辆火车承载的展品也数不胜数，比如说，当年给德国办车展的时候，地面用的方砖都是一块一块搬进来重新拼起来的。后来，运输的技术升级了，铁轨不再被需要了，火车和铁轨也就都光荣退休了。这一退休，它就彻底成了北展的一段历史。

北京亚运会购物中心，
打开一扇亚洲的门

见证人：杨国强

北展工作人员

· 1959 年《建筑设计十年》中航拍影像

20世纪90年代初，杨国强经历了北京亚运会购物中心在北展举办的全过程。当时，物质还没有现在这么丰富，此时亚运会购物中心的举办，让北展成了人们开阔眼界的一个机会。来自各地的各种新鲜物件涌入北京展览馆，而杨国强在那个时候，不但是工作人员，也是一位消费者。

杨国强：当时因为改革改革开放刚开始，而且物质刚刚开始丰富起来，咱们国家三十几个省市自治区，最好的名优产品全部都集中在展览馆，平常你见不着的好东西全都来了。其中，重点馆是台湾馆，当时办购物中心的时候还都没有改造。就把序厅拿出来当台湾展厅。我当时还在那儿买了一台燃气热水器，这一用就是几十年，即使到了现在，这个热水器还没有坏，还可以使用。当时，沿着后湖铁道的那地方，全是格子房，一间一间用水泥筑好的房子，一排好几十间，把全国各地、各个民族、各个风味的风俗小吃放在里面，晚上就等于是一个大型的夜市。当年，亚运会购物中心的门票一票难求，真的是挤破脑袋。当时，后湖铁道就负责运那些购物中心的货，这些小伙子每天工作一直连轴转，特别辛苦。亚运会期间，购物中心历时40天，接待观众160万，盛况空前。亚运会结束后，北京展览馆最后又弄了一个厅专门卖购物中心的商品，象征着亚运会永不闭幕。后来，亚运会购物中心还作为北京市旅游局的一项重大事项，在全国进行巡讲，就讲亚运会时成为购物中心的故事。

80年代的种子，
23年的花

/

见证人：赵巍

北展展览中心副总监

赵巍现在是北展展览中心副总监。他从1996年开始来北展工作，至今已经23年了。聊到他和北京展览馆的缘分，他说，一定要从小时候说起。小时候赵巍对北展的印象是：这是一个非常神圣的地方。因为当时，周边能有武警站岗的地方屈指可数。回忆起学生年代一次次的逛展，他说，都是怀着崇敬却又惴惴不安的心情来到北京展览馆的。20世纪80年代末90年代初，当他还是个中学生的时候，对于北展举办的展览，尤其是计算机展是异常着迷的。因为计算机在当时的百姓生活里是看不到的。一直到了大学时代，计算机才真正走进了老百姓的生活里。在286、386还只能在学校见到的年代，他却可以在北展看到那个年头IBM和苹果公司生产的最新科技产品，心情自然激动不已。也就是从那个时候开始，赵巍的心里种下了一颗种子，也期待着长大以后，有机会能够为这样的展会工作。1996年大学毕业，在招聘会上，赵巍给北京展览馆投了简历，就这样，他成了北展的一员。刚参加工作时，北展还没有像现在11号、12号这样富有科技感的展厅。那时还只是两个广场，用于室外展览。整个建筑造型更像一个山字，中间有回廊相连。后来，为了增大空间，北展决定改造，把当时的室外馆改建成了室内馆，由此扩增了七千五百平方米的展览面积。也就成了今天大家看到的北京展览馆的样子。

2008年奥运博览会，和国际奥委会主席萨马兰奇在一起的日子

见证人：杨国强

北展工作人员

奥运博览会的前身是"奥林匹克集邮展"，从1985年洛桑"首届世界奥林匹克体育邮展"到2008年，已经举办了13届。2008年奥博会在邮展的基础上，融入了更多奥林匹克体育运动、收藏和艺术等多元化内容，是全球首届奥林匹克博览会。奥运博览会由国际奥委会、萨马兰奇基金会共同举办，哪个地方办奥运会一定要有一个奥运博览会来宣传。讲到这个故事的时候，当时负责北展安保工作的杨国强有着非常深刻的记忆。那一年的博览会展出了国际奥委会及萨马兰奇先生个人集邮展、中国邮票博物馆邮票专题展、国际集邮家体育专题集邮展、国际个人奥运纪念品收藏展等，涉及奥林匹克集邮、徽章、钱币、艺术品等多种形式的收藏品。可以说，瑞士洛桑奥林匹克展馆的展品基本全部挪到北展的大厅里来了。

◎ 杨国强：当时我记得现场全部是钢结构，重新在我们的2号馆里搭建，然后把他（萨马兰奇）收藏的所有火炬、各种奖牌、各种有关奥运宣传的艺术品、古董、邮票全部展出。上百公斤的大金币都在这展，我们在院外，整个就卖奥运会纪念邮票，各个邮局盖奥运会邮戳，奥运会通行册子，册日封那种跟护照似的。整个广场排队的人非常多，一圈一圈的，当时现场非常火爆。我记得萨马兰奇来那天，我在现场陪同，他给了我一张特别有意义的照片，还亲手拿锤子砸了一个奥林匹克币给我。最后他特意在北展做的大邮票上签上名，送给我们的工作人员，还授予我们证书什么的，亲自给我们，对我们非常好。据统计，"北京2008年奥林匹克博览会"有几十万人参加。

·北展2号馆

·北展5号馆

·北展报告厅

北京展览馆

我在"老莫"学会了吃西餐

见证人：薛燕平

著名作家

· 莫斯科餐厅

说到北京展览馆，就不能不提"老莫"餐厅。这是与北京展览馆同时建成同时开业的一间俄式餐厅，曾经在很多的影视作品当中出现过。它是几代北京人对于高档餐厅的定义，也无可非议地成了几代人最早的文化记忆。凭借小说《琉璃》获得第四届老舍文学奖的京味儿作家薛燕平对于老莫就有着浓浓的情怀。薛燕平在北师大上大学的时候，经常来老莫吃饭，那是改革开放之后大学生的文艺生活。第一次来餐厅，第一次见识到了西餐。用刀叉代替筷子，这是个有意思的过程，而在20世纪80年代初，"老莫"餐厅正式对外开放之后，也还是会为用不习惯刀叉的老百姓提供筷子。在筷子和刀叉的选择中，年轻的女大学生们也学着样子穿着"布拉吉"挺直身板用起了刀叉。"'老莫'是那个年代第一个西餐厅，只有在这儿才吃得到西餐，那刀叉都是有讲究的，偷偷看着别的桌上是怎么用这些刀叉的，渐渐也就学会了。"后来，随着社会的发展，京城的西餐厅越来越多了，口味也各有不同，俄餐也不再是唯一的西餐选择，可是对于在"老莫"就餐的那种仪式感是难以忘记的。

· 北京展览馆夜景

大事年表

1990
第十一届亚洲运动会在中国北京举行，同时，北京展览馆作为亚运会购物中心，接待来北京参加比赛的世界各国运动员及各界友好人士。购物中心历时40天，接待观众160万人次，盛况空前。

1958
根据周恩来总理的意见，"苏联展览馆"正式更名为"北京展览馆"。

1954
9月，苏联展览馆建成。同期，北京展览馆剧场建成。1954年10月2日，"苏联经济及文化建设成就展"随着周恩来总理剪彩正式拉开帷幕，北展前身苏联展览馆正式开始营业，同期，莫斯科餐厅也正式开业。

1953
10月，"北京展览馆"前身"苏联展览馆"建馆工地举行开工典礼，彭真市长破土奠基，毛主席亲笔题名"苏联展览馆"。

1999
9月20日，"光辉的历程——建国五十周年成就展"在北京展览馆正式开幕，来自全国各省、市、自治区、直辖市及香港、澳门特别行政区的展团在展览现场进行了展示。展览历时40天，接待来自全国的各界观众100万人次。

2007
12月，北京展览馆经北京市政府批准列入《北京优秀近现代建筑保护名录（第一批）》。

2008
8月8日至18日，以"传承奥运，激情北京"为主题的奥林匹克博览会在北京展览馆举行。博览会集中展示了奥林匹克历史与发展，弘扬了奥林匹克精神与文化，成为世界了解奥运文化和中国的窗口，进一步增进了世界各国人民之间的友谊与合作。

2009
9月，"辉煌六十年——中华人民共和国成立60周年成就展"在北京展览馆展出。

2016

承办"十二五"科技创新成就展。2016年9月入选了由中国文物学会、中国建筑学会联合公布的"首批中国20世纪建筑遗产"名录。

2017

承接"砥砺奋进的五年"大型成就展。

2019

9月，庆祝中华人民共和国成立70周年大型成就展在北京展览馆举行。

记者手记

作为一个土生土长的北京人，对于北京展览馆是有着特殊情怀的，因为我家就住在它的北边，一条叫高粱桥斜街的路上。从小到大，北展举办的各种展会，去过不少，小时候多数是学校组织的活动，而工作之后作为记者，在北展，对于影视展、演出展、童书展等等活动进行的采访报道似乎成了每年的例行工作，但对于北展本身的历史和故事却少有了解。这一次的采访，我第一次在没有展会的时间，走进了这里。在空旷而高挑的展厅中，聆听了关于这个建筑群的故事，就连采访的录音都似乎带着因为空旷而产生的些许回音。在一代代老北展人的回忆中，我们眼前展开了一副时间的画卷，这画卷里承载了我们这一辈，我们上一辈几代人对于北展的时代记忆。另外，自从开始了这次主题采访，平常每当遇到一个北京人，都想和他们聊上几句北展。从这些不同年代、不同职业、不同经历的人的叙述当中，听到的何止是关于北展的故事？更多的是充满年代感的温情和对旧时光的不舍情怀。

北京自然博物馆

BEIJING MUSEUM OF NATURAL HISTORY

大自然是最伟大的博物馆

本节撰稿：董彬　邵华

自然博物馆
扫一扫，随时听

生命是一场诗意的旅行

春天花园里的花花草草

让小达尔文开启了对大自然的认真思考

独居瓦尔登湖畔的梭罗

看着彩蝶翻飞的法布尔

被苹果砸中脑袋的牛顿

走遍千山万水的徐霞客

从百草园到三味书屋的鲁迅

穹顶之下,古人们吟诵的鸟语花香

按自有节奏跳动的美好生命

都在地球生机勃勃的怀抱里

共同汇聚成大自然这个最伟大的博物馆

回望 70 年

北京自然博物馆
BEIJING MUSEUM OF
NATURAL HISTORY

新中国文化生活记忆

中国要有一个自己的自然科普基地

中国领土辽阔，东南临海，西北高原，地势西高东低，呈阶梯状分布，陆地面积约960万平方公里，大陆海岸线长达18,000公里，从寒温带至热带的各个气候带，以及西风环流和东亚季风的耦合作用，让中国产生了多姿多彩的自然生态类型和丰富的生物多样性。研究、认识这么丰富的自然资源环境，普及科学知识，是自然博物馆的重要职责和历史使命。

北京自然博物馆位于首都南城中轴线上的天桥地区，背靠世界文化遗产天坛公园，面对现代化的天桥演艺区，具有特殊的文化环境。她的前身是成立于1951年4月的中央自然博物馆筹备处，1962年正式命名为北京自然博物馆。

在新中国成立后，北京这座历史文化名城的保护得到了中央的高度关注，首先改革的就是当时勉强维持的历史博物馆和故宫博物院。随后，筹建一批新博物馆的决议被提上日程。为了填补新中国在自然科学这个领域上的空白，使中国人有一个自然科普基地和科研基地，1951年4月2日，由5位当时的文化部领导和7位科学家在故宫共同组成了"中央自然博物馆筹备委员会"。与此同

·北京自然博物馆（北京自然博物馆供图）

时，当时的中央文化部和中国科学院共同发文向全国征集标本和展品，并从全国各地抽调业务与行政人才。

所有的努力，都是为了建立一座属于中国人自己的"自然博物馆"，而几乎差不多在同一时期，北京天文馆、中国历史博物馆、中国革命博物馆、中国人民革命军事博物馆也相继筹建和诞生。

可以说，北京自然博物馆是新中国依靠自己的力量筹建的第一座大型自然博物馆，主要从事古生物、动物、植物和人类学等领域的标本收藏、科学研究和科学普及工作。现在博物馆的馆藏标本丰富、科研力量雄厚、陈列展览规模不断扩大，是中宣部和北京市政府命名的"全国青少年科技教育基地""北京市爱国主义教育基地"。

目前，北京自然博物馆的建筑面积24,000平方米，展览面积8,000余平方米，馆藏标本20余万件，其中古生物化石、鸟类、哺乳动物和无脊椎动物等标本的收藏在国内名列前茅，许多标本在国内、国际上都堪称孤品。科学研究和陈列展览的水平在国内也处于领先地位。北京自然博物馆已经成为中国著名的自然博物馆。

· 特31全套2枚邮票（北京自然博物馆供图）

· 特31"中央自然博物馆"邮票首日封（北京自然博物馆供图）

· 科学杂志发表论文（北京自然博物馆供图）

· 1974年的北京自然博物馆古生物馆（赵野木供图）

· 1954年在故宫文华殿举办"全国矿产资源展"（北京自然博物馆供图）

强大的自然科普团队

北京自然博物馆是新中国依靠自己的力量筹建的第一座自然博物馆,在筹备伊始就有一个强大的科学家团队。胡先骕院士,中国植物分类学的奠基人;郑作新院士,中国现代鸟类学的奠基人、动物地理学的开拓者;李继侗院士,我国植物生理学的开拓者,植物生态学与地植物学的奠基人;高振西院士,中国地质博物馆和中国第一个国家级地质自然保护区的主要创建人;孙云铸院士,中国古生物学奠基人,中国地质学会的创始人;李璞,著名地质学家,我国同位素地球化学的奠基人,时任中国科学院副院长李四光的秘书;张春霖教授,中国现代鱼类学的奠基人。这些人都是成名于新中国成立前,在各自领域多有建树的科学家,他们的名字,应该被人们牢记。

不仅如此,就连自然博物馆筹委会中的5位文化部领导也都具有科学背景。筹委会主任、文化部副部长丁西林院士以剧作家身份为人们所熟知,其实他也是一位物理学家;文化部文物局局长郑振铎院士拥有作家、诗人、学者、文学评论家、文学史家、翻译家、艺术史家和收藏家等一连串头衔,也是一位著名的考古学家,曾任中国科学院考古研究所所长;文化部科普局局长袁翰青院士是有机化学家;科普局副局长王书庄新中国成立前曾任中央研究院物理研究所副研究员、山东大学教授;文化部文物局博物馆处处长裴文中院士是著名古人类学家、举世瞩目的北京猿人第一个头盖骨的发现者,他还兼任筹委会下设的办事机构即中央自然博物馆筹备处的主任,负责具体工作。

从故宫中诞生,在天坛里扎根

在1951年的建馆初期,中央自然博物馆筹备处的办公地点就设在了故宫博物院东华门内的文华殿、传心殿和清史馆,房屋总面积5,137平方米。

由中央文化部和中国科学院的共同发文,在全国征集标本和展品,一时形成了全国支援中央的生动局面。筹备处接受了大批动、植物标本和馆藏图书。1952年,中央自然博物馆筹备处有了初步的人员和标本馆藏基础,具备了举办大型展览的能力。

1954年,为了配合1953~1957年的国家第一个五年计划,中央自然博物馆筹备处的首个展览"全国矿产资源展"在故宫文华殿举办的,引起了公众的极大关注。1955年,中央自然博物馆筹备处馆舍建设项目批准立项，经报北京市规划局批准，确定天桥南大街为馆址。其实当时的规划部门提供了两个地方备选，一个是西郊的紫竹院，一个是天桥，经过慎重的选择，最终中央自然博物馆落户在了天桥，第一期建筑面积1.2万平方米，陈列面积8,000多平方米，中央三层两翼两层的大楼东邻天坛，西对天桥剧场，内设14个陈列室和保管室、美工室、讲演厅等。不过也稍有遗憾，苏联专家的设计图纸中，没有考虑到西晒这件事。

1959年1月，中央自然博物馆的新馆对外开放，历史学家郭沫若题写馆名。为庆祝此事，邮电部还专门发行了特种邮票1套2枚和首日封1枚。

3年后，这座备受全国人民重视的博物馆正式命名为"北京自然博物馆"，由古生物学家杨钟健担当首任馆长。上任伊始，杨钟健馆长就提出，棍子式的博物馆是不可取的，要建就要建成金字塔式的博物馆，就是说，前面摆一个标本，后面要有更多的标本。为此，博物馆陆续开辟了古生物、动物、植物、植被4个陈列室，全部展陈面积4,000多平方米，陈列标本共5,000多种。

科普研究的前沿阵地

其实早在新中国建立前夕，第一届全国政协会议上通过的共同纲领中就写到了"努力发展自然科学，以服务于工农业和国防建设"。但在那个年代，自然科学的普及程度远远不如今天。而自然博物馆的成立自然就成了科普的前沿阵地，很多学校甚至把这里当作教学的第二课堂。

在这股科学的热潮中，一位读者马小辰写信给《北京日报》询问："报上刊登过不少发现古代生物化石的报道。这当然是很有趣味的事。不过，我不明白，研究这些东西，究竟又有什么意义呢？"

对此，当时的北京自然博物馆古生物组以近千字的篇幅刊文作了详细回复，其中提到"研究恐龙和其他生物化石，不仅有趣，而且很有意义……不同的自然条件下生存着不同的生物，通过生物死后变成的化石可以了解古代的地理、气候等自然面貌，成为沧海桑田的见证者。研究化石，还可以证明，生物是进化来的，为辩证唯物主义提供了新的例证……"

除了自然科学的科普，自然博物馆的研究成果也成绩斐然。北京自然博物馆拥有一支科学态度严谨、朝气蓬勃的科研队伍，还有动物、植物、古生物实验室及一批先进的仪器设备。近些年来，全馆承担了国家自然科学基金、北京市自然科学基金等科研项目30多个，先后出版过许多有代表性的科研专著和科普读物，在核心期刊上发表论文数十篇。

这里，首次为世人揭开了恐龙羽毛的颜色之谜，确定了1.6亿年前的"赫氏近鸟龙"和"小盗龙"的全身羽毛颜色，其中，对小盗龙羽毛的结构色研究成果，将羽毛的结构色化石记录前推了8,000万年；发现了迄今为止已知的最古老的有胎盘的真兽类哺乳动物"中华侏罗兽"，为哺乳动物起源与早期演化找到新证据；在最新的研究中，他们发现了新的多瘤齿兽，对研究多瘤齿兽最早期的演化、食性分异、运动适应起源等具有重要的科学意义。也是在这里，古人类学家裴文中发起并筹备成立中国自然科学博物馆协会；创刊发行专业学术刊物《北京自然博物馆研究报告》《大自然》科普杂志。

直至今日，北京自然博物馆为了更好地普及科学知识、倡导科学方法、弘扬科学精神，开展了"小小讲解员培训班""实验乐翻天""北京—澳门地质地貌夏令营活动"等各种主题各具特色的科普教育活动，为广大青少年及家长所喜欢；"科学大讲堂""社会大讲堂""科普小课堂"举办的各类专题讲座也把科普知识传播到社会的不同人群。

丰富的馆藏

北京自然博物馆另一个为人称道的地方就是它的馆藏。

截至目前，北京自然博物馆的馆藏标本共20余万件。当中有许多件古生物、生物类标本在国内、国际上堪称绝品。除"中华侏罗兽"和"赫氏近鸟龙"外，还有世界闻名、写入小学语文教材的"黄河剑齿象"骨架化石、中国特有的体长26米的巨型蜥脚类恐龙"井研马门溪龙"化石等。

建馆至今，自然博物馆一直受到党和国家领导人的关怀。毛泽东、朱德、刘少奇等党和国家领导人转送的珍贵礼品标本至今保存良好。

比如，灵雀窝和高鼻羚羊角标本是1954年全国人民慰问解放军代表团赠送给毛泽东主席的。这两件标本仍被装在当年的礼品盒中。还有一件很特别的标本——"木瓜如意"。整个如意长约半米，是用一整个葫芦制成的，其造型和图案全部是在葫芦生长过程中用压模方法使葫芦依势长成的。这个如意是曾任全国政协副主席的我国近代实业家陈叔通先生赠给朱德80岁寿辰的寿礼。

还有的藏品有着重大历史背景。比如，来自北美的麝牛。1972年，美国尼克松总统访华前冥思苦想，不知该送中国人民什么礼物。最后，他决定赠送一头北美的特色动物——麝牛。这头麝牛来中国时是活着的，在北京动物园安了家。几年后，麝牛死了，自然博物馆便将其剥制成标本保存。

此外，自然博物馆建馆之初，大多数标本来自各种渠道的捐赠，其中有一部分极品曾经久居深宫。在皇宫收藏的标本里，一对牦牛角色泽剔透，额骨的中央刻有青蓝色的满文，上面记载着这是清乾隆四十年（1775年）4月17日由当时的理藩院侍郎赠送给乾隆皇帝的。还有两只夜光蝾螺，一只雕刻着一条盘龙，极富动感；另一只体积略小，绘有一组山水人物。珍珠层如此厚且光泽度这么好的蝾螺极为罕见，即使在皇室收藏中也堪称上品，其价值难以估算。

馆内还收藏着世界各国友人赠送的部分生物类礼品标本，如越南胡志明主席送给毛泽东主席的亚洲象标本、朱德同志转送的鳄鱼标本等。比较珍贵的还有新西兰坎特伯雷国家博物馆赠送给我国的恐鸟骨骼标本，这种巨鸟已于1885年灭绝，它是至今保存在我国的唯一恐鸟标本。

·历年发行的《大自然》杂志（北京自然博物馆供图）

·北京自然博物馆开展的科普活动

·黄河剑齿象骨架化石(北京自然博物馆供图)

·镇馆之宝"木瓜如意"(北京自然博物馆供图)

·北京自然博物馆古生物馆(赵野木供图)

见证70年

北京自然博物馆
BEIJING MUSEUM OF
NATURAL HISTORY

新中国文化生活记忆

麋鹿的回归跟自然博物馆有着直接的关系

见证人：赵野木

原博物馆副馆长、《大自然》杂志主编

· 赵野木

1973年，从北京部队学生连分配到北京自然博物馆的赵野木直接被分派到了陈列加工部，之前曾经在中央美术学院附属中学等美术学校学习的赵野木在刚来到博物馆的时候，除了能画一些风景和人物外，其他的都不懂，不过在老同志的热情帮助和自己不断的努力下，他慢慢学会了展览的设计、组织施工和画科学画。

当时的陈列加工部是一个大部门，搞展览的一切工种这里都有了。美工、木工、模型工、油漆工、电工、照相师、裱糊匠等。

美工室的工作要从展览的基础做起，首先是展柜，当时没有现成的，只能自己做。找到指标买木料，开板加工，八位木工师傅加油干，几个月做出展柜，然后，油漆工开始刷二十几道桐油，每刷一道油后要用砂纸打磨一遍再刷

·1985年麋鹿重返家园仪式（北京麋鹿生态实验中心供图）

·1985年暂时养在检验检疫圈内的回归麋鹿（北京麋鹿生态实验中心供图）

油，直到光可照人的展柜完工，再安装大玻璃，玻璃工要有很高的切割技术才能胜任。

美工根据科研人员的文字大纲手绘设计图和施工效果图，然后画展览中的图版和科学画。画版上的文字无论大小一律都要手写，能用毛笔写出标准的仿宋字才是一个好美工。小说明牌上的蝇头小楷不是每个人都能写的，所以还需要专门写字的美工。有些字还要请别的博物馆美工来帮忙。记得有一个展览的段落标题是请中国历史博物馆的一位老先生写的，他的字好似魏碑又有点汉隶的味道，写得很好，如同刻出来的一样。

20世纪70年代到80年代还没有彩色照片，展览中的照片都是黑白的，色彩图就是美工画的，大幅画还要请美术学院的画家来画。曾经为自然博物馆作画的有吴作人、朱乃正、袁运甫、袁运生等名家。

展览中的模型很多，这项工作由模型室完成。模型室有6人，都是能人，因为模型内容复杂，物品繁杂，模型室的人从翻制蜡果、石器、到做地形、植物都会，毕业于美术学院雕塑系的人还能做古猿和古人类的复原像。

还得有裱糊匠，因为展柜内的背板、图版都要先裱糊一层纸，然后再刷色、写字、画图。几十个展柜、几百个图版的裱糊工作量也是很可观的，也是个技术活。

可以说，当时搞展览的一切工种在陈列加工部都有了，一个展览从开始到完工，不出博物馆大门就能自己搞定，当然，这也是因为当时受计划经济的影响，各单位机构的设置多是力求小而全。20世纪80年代以前的各个博物馆展览状况大都如此。随着国家改革开放的发展，展览工作也在慢慢进步，博物馆里的展柜不需要自己做了，彩色图片也可以到图片社加工。做模型用的草、树叶可以买塑料材质的等等。而且美工在90年代开始学习电脑软件，大大提高了工作效率和设计水平。后来完全电子化，所以，如今的纯手绘的展览绘画反而是稀罕物了。这就是社会的进步。

改革开放后是博物馆发展的黄金时期，每年大大小小的展览很多。20世纪80年代开始，北京自然博物馆开始摸索着走自己的路。认识到博物馆只有充分发挥自己的社会职能才能生存和发展，为了弥补由于经费原因基本陈列长期不能修改的影响，开始尝试自己筹备和引进专题临时展览。比较成功和影响较大的有"性的自然史展览"、澳大利亚的"特有动物标本"展览、美国的"鸟的艺术"展览、世界野生动物基金会的"让它们活下去"展览、联合国教科文组织的"人与生物圈"展览；与林业部合办的"大熊猫展览"、与环保部合办的"环保展览"以及引进的"秦始皇兵马俑展"。

在自然博物馆工作了30多年，从曾经的一名美工到副馆长，赵野木有很多值得记忆的事情，比如麋鹿的回归就跟自然博物馆有着直接的关系。

众所周知，今天中国的麋鹿已经有几千头了，

·1975年为动物馆修改展陈

但麋鹿的回归最早是因为1980年在自然博物馆创办的《大自然》上发表的《四不像何日重返家园》一文。赵野木回忆说：当时那篇文章影响很大，在博物馆、专家学者等各界人士共同呼吁下，麋鹿也引起了社会和国家政府部门的重视，最后，英国贝福特公爵赠送给我们18头麋鹿，麋鹿才得以回到北京南海子。

由于此事跟自然博物馆的关系非常大。1984年，北京自然博物馆还在大兴南海子利用900亩湿地建立了麋鹿生态实验中心，投入让麋鹿回归的紧张工作中。1985年，南海子麋鹿生态实验中心正式成立。麋鹿引进工作圆满结束，北京自然博物馆生态研究室随着麋鹿生态实验中心脱离，自此，麋鹿生态实验中心也成为正式的独立单位。类似的事情还有野马的回归。如今，这些野马在新疆卡拉麦里野马自然保护区繁衍得很好。

做好讲解员这个工作可不容易

见证人：时墨庄

第一代自然博物馆讲解员，原古生物室主任

时老的回忆是从1954年开始，那时候的自然博物馆处于筹备运营期，筹备处的办公地点就在故宫的东华门。其实筹备初期的博物馆人员匮乏，冷冷清清，这主要因为当时人们对于博物馆的认识极其有限，很多人觉得博物馆就是一群人看着一堆破烂东西。

但其实筹建处的主要人员是非常有热情的，他们一心想为国家服务，经过大家的认真讨论，当时决定先做出一个展览来，要配合1953~1957年的国家第一个五年计划，搞一个祖国自然环境与矿产资源展览。

这个展览让时老印象非常深刻。

展览分为三个部分，第一部分讲祖国自然资源环境和钢铁有色金属，第二部分讲煤炭资源，第三部分讲石油。当时这个展很受欢迎，聂荣臻、董必武等领导人也都来了，展览效果很好，就连工商部门也组织人来参观。受到了鼓舞，紧接着筹备处又办了关于全国农业资源展、治理黄河展览。几个展览下来，人们对博物馆的认识改观了。

当时的时墨庄在留言簿上发现有位观众这么写道："过去只知道做生意赚钱，从来不知道祖国的伟大，看了这个展览以后，激发了爱国主义情怀。"看了这段话，大家都感觉自然博物馆真的一点也不冷清，配合国家的建设，为了祖国服务，这不是也很好吗？

后来，搬到了天桥的新馆后，为了拥有更多的标本，自然博物馆成立了动物小组，古生物小组和植物小组。时老就在古生物组，他们自己采集

· 新中国第一代讲解员时墨庄

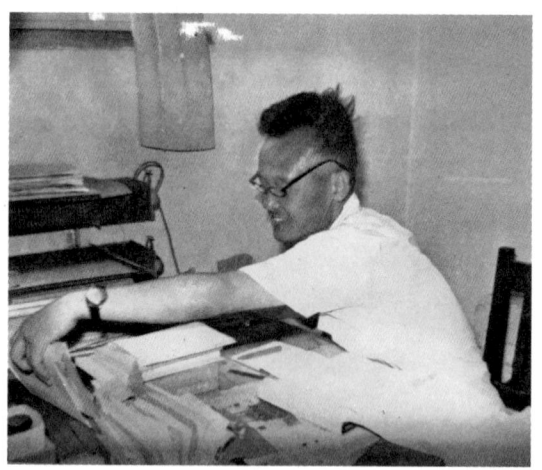
· 20世纪70年代在自然博物馆工作的时墨庄

标本，1958年去山东莱阳找到了棘鼻青岛龙。1959年参加了中苏考察队。1960年他们去云南采集两栖类。当时没有库房，于是他们要了20个历史博物馆撤下来的柜子，用来保存古生物标本。1964年他们又去了赣州，还找到了恐龙蛋。

时老说，从1954年来到自然博物馆开始，可以说是自然博物馆这座大学校培养了他。而且作为第一代的博物馆讲解员，时老非常骄傲，在董必武观展的时候，就是他亲自讲解的。

第一批的讲解员，都是转业过来的，时墨庄当时在天津艺术剧院，才18岁什么也不懂。而且那批讲解员最开始是背词的，后来才慢慢熟悉参加实践，参加了标本采集。现在大家都知道，讲解员的工作是很重要的，也是博物馆必不可少的一部分，可那时候做讲解员还是有好多人看不起的，大家工作不安心。很巧，那个时候在故宫办过一次治黄河的展览，当时就请了一批木偶剧团的演员来帮助讲解，那次的解说词也写得好，讲完了以后是满堂的掌声，非常热烈，那真是艺术性的讲解。于是人们发现了，为什么有的讲解员讲，越讲人越多，有的越讲人越少，没人跟他了，为什么？

为此，大家就分析，要在观众爱听的地方发挥，你知道的知识只是片面的，但是群众知道的还比你更丰富。为此，时墨庄他们这批最早的讲解员就开始调整自己的讲解方式，比如，讲到化石，就开始用了问句，你知道什么是化石呢？到北京去过雄伟的人民大会堂吗？你看那柱子上那么小，行云流水有好多花纹，团团簇簇的，那是什么？那就是化石。

时老认为，这就是教学相长。

除了讲解的方式要调整，时老认为，其实讲解员最应该调整的问题还是心态，就是很多人无法把讲解员当作一项事业来干。在得知这个情况后，文物局特地开了研讨会，由故宫牵头，把当时各个博物馆的人都叫来一起研究。后来有关部门终于把讲解员确定为一项重要的事业工作来办。比如，年岁大了，讲解员还可以转业到标本部或者到后台从事其他的工作。而且单位也安排了讲解员们的进修。其实自然博物馆和各个大专院校的联系本身就很密切，一是自然博物馆离不开那些专家，二是大专院校在教授动物史、古生物史之类的课程往往就在自然博物馆里上课，所以讲解员们去学校进修，真是两全其美的好事。

面对未来，时老说，新中国70年来，博物馆全面高速发展，科研、展览和科普都得到长足的进步。不过作为一名博物馆老兵，时老还提出了一些建议，他认为现在的主题展览固然好，但是还要突出进化这个亘古不变的主题。希望不论今后如何变，都要保留和凸显四大展览主题：动物演化史、植物演化史、古生物演化史和人类演化史。

·1954年在故宫文华殿举办的"全国矿产资源展"
（北京自然博物馆供图）

博物馆真的是越来越好

见证人：王文利

原标本部主任

· 王文利

说起多年前的北京自然博物馆，王文利回忆说，那时候的展览很是陈旧，观众也比现在少，当时没有一个正规的库房，而是用一些房间临时充当库房，标本比较分散，存放在大楼的地下室，植物在南侧的地下室，古生物标本少，一直到1992年田家炳楼建成后，才开始有了很大改观，有了真正的博物馆库房。

在标本管理方面，起初由专业人员管理库房，研究和筹划展览时比较方便，可以自主挑标本。但是也暴露出一些问题，例如管理不正规，管理混乱等。

2013年开始，王文利担任标本部主任，开始统一负责标本管理，由库房管理员专管库房，这才有了现在标本部的管理模式。

提到以往的工作内容，王文利主任印象最深刻、最自豪的是当年他亲自策划的精品展。当时他看到国内的不少博物馆都有精品展，所以就申请了财政经费做了一个，展品中有许多珍贵的标本，由国家领导人送的礼品、澳洲特有动物、研究人员命名的模式标本等，当时的展览比较轰动，每天观众都要排很长的队才能参观，这说明北京自然博物馆在自然类标本的收藏上有很大的优势。

对比博物馆的过去和现在，王文利认为变化最大的是，通过几年的藏品清点，标本部工作人员已经摸清家底，将馆藏标本数量精确到个位数。而他当年特别想做的数字化这件事，近年来，也因为国家财政的专项资助和全国博物馆第一次可移动文物普查工作的推动，一步步地实现了。王文利说，这可是博物馆变化最大的一件事，是一个大的进步。

· 自然博物馆的专家们在筹备展览中的动物标本（王文利供图）

· 为新展览装架恐龙标本

小的时候
我就爱来博物馆

见证人：李莉

科普部馆员

大家好我是李莉，在2000年的时候我来到自然博物馆当了讲解员。我1980年出生，生活在前门，小的时候我就爱来博物馆，印象最深的一次，就是十来岁那年，当时是在今天的自然博物馆4D影院设置了一个楼兰女尸展，五元钱一张票，我和表弟两人第一次看到古尸，印象特别深刻，当时特别激动。

还有个印象深刻的就是博物馆的海豹，应该是现在的古哺乳动物厅，因为小时候没有现在这么多的媒体，看到这些东西就觉得特别的惊奇。可以说动物园和自然博物馆是我小时候最爱去的地方。

从小时候开始，我对这些东西就很感兴趣，而且我愿意去做这方面的工作。我曾经一度说要去动物园去当饲养员，可毕业后我竟然遇到了自然博物馆在招募讲解员，那可是20年以来第一次。您看，我赶上了，多有缘分。

当时我本来是分配去医院的，已经去积水潭医院实习了，那应该是在2000年，突然得知自然博物馆招讲解员，我二话没说拿着简历，班也不上了，直接就跑到自然博物馆。当时还挺

·讲解中的李莉

冲的,就跟传达室一个白头发的老爷爷说,我是来面试的,想来这当讲解员。他说你进去吧,我就直接就奔人事科,把简历交过去了。里面人让我等电话通知。

再后来,就是面试,那时面试的得有十几个,一开始还挺担心我会不会选不上,但结果还挺好的。当时考念绕口令什么的,内容我现在都能记得。还问我:你来博物馆印象最深的是什么呀?我说就那古尸,没想到最后真的就来到了博物馆,很开心,梦想成真了。

·新一代的讲解员李莉

大事年表

1959
1月新馆正式对外开放。4月1日，中华人民共和国邮电部发行了纪念邮票1套2枚和首日封1枚。《人民画报》当年第4期用彩色整版向国内外作了重点介绍。

1958
5月 新馆落成，由历史学家、文学家郭沫若题写馆名。至8月份完成了搬迁工作，随后古生物、动物、植物基本陈列布置就绪。

1956
10月 新馆在天桥南大街开工。

1951
3月 经中央宣传部文教委员会批准，中央文化部与中国科学院共同成立了中央自然博物馆筹备委员会，文化部丁西林副部长兼任主任委员，委员包括裴文中、郑作新、张春霖、胡先骕等人。

4月2日 中央自然博物馆筹备处正式成立，办公地点设在故宫博物院东华门内的文华殿、传心殿和清史馆，裴文中兼主任。

1962
北京自然博物馆正式命名，古生物学家杨钟健教授任馆长。

1979
古人类学家裴文中教授继任馆长。发起并筹备成立中国自然科学博物馆协会。

1980
创刊发行专业学术刊物《北京自然博物馆研究报告》《大自然》科普杂志。

1984
本馆生态研究室在北京大兴南海子建立麋鹿生态实验中心，并在麋鹿引进工作圆满结束后独立成为新的科研机构。

2008
2月 原大连自然博物馆馆长孟庆金研究员接任馆长。

4月 入选北京市首批99家科普基地，被选为科普教育基地和科普研发基地，《大自然》编辑部为科普传媒基地。

7月1日 正式对社会免费开放。

2015

2月13日，北京自然博物馆命名2个新属新种早期哺乳动物，在国际期刊《科学》杂志上以两篇连载方式，同时宣布了该重要发现。

2016

5月26日，"全球首次大熊猫艺术巡展"——北京站正式拉开帷幕。

2019

7月6日，经过了一年多的筹备和半年的施工改造，北京自然博物馆《古哺乳动物》大型专题展览重新对公众开放。

记者手记

为了完成这次采访，也为了更加了解新中国依靠自己的力量筹建的第一座大型自然历史博物馆，我们又多次来到这里，采访了很多人，听了很多故事，这其中有83岁，坚守并为这里奉献45年的古生物研究员；有65岁，陪伴博物馆成长的三代参观人；还有因为小时候参观这里而埋下种子，现在选择在这工作的年轻讲解员……不论年纪，提起自己热爱的博物馆，每个人都快乐的像个孩子。采访中，我问那位年轻的讲解员，每天讲解一样的内容，会不会枯燥？她笑着回答："每天的观众不一样，感兴趣的点也不一样，所以我每次讲的侧重点也不一样，我希望通过我的讲解，让大家了解自然并学会和它和谐相处。别让现在在我们身边的东西都变成了未来只能够在博物馆里看到的标本。"

工人体育馆

WORKERS' GYMNASIUM

体育文化并蒂花开

本节撰稿：霍树正　魏遥

工人体育馆
扫一扫，随时听

每一座城市都有一个标志

每一座城市都有一种文化

每一座城市都有承载历史的文化体育场所

在上海,可以看到人民大舞台

在香港,可以看到红磡

在北京,有一座工人体育馆

从 1961 年到 2019 年

见证中国体育的起起伏伏

见证中外文化的交流互通

她从未金碧辉煌

却是中国体育腾飞的荣誉殿堂

她没有高级的设备

却是欣赏艺术的首选之地

她用半个多世纪

履行了那些刻在工体馆墙壁上的文字

"发展体育运动,增强人民体质"

回望70年

工人体育馆
WORKERS' GYMNASIUM

提起工人体育馆，你能想起什么？是亚运会上乒乓球名将邓亚萍挥拍扣杀的风采，还是百名歌星合唱的公益歌曲《让世界充满爱》。这里是一个被体育迷视为"圣殿"的地方，也是众多歌手心中最重要的舞台之一。工人体育馆依旧保持着朴素的原貌，也有着属于体育爱好者珍藏的回忆。工人体育馆的前世今生，我们不妨一探究竟。

场在馆前，合为工体

让我们把目光投向1955年——第一届全国工人运动会在北京隆重举行。当时工人体育展览会的工作人员张俊瑞在介绍情况时，向时任国家体委主任贺龙建议，应该在北京建设一个亚洲高水平级别的体育场。几天后的全总书记处会议上，讨论通过了建设体育场的决议，并委托北京市工会联合会负责筹建。这项工程由全国总工会和北京市总工会共同投资1700万元。从1958年9月正式开工，至1959年8月31日，用时11个月零13天，建成了为十周年国庆献礼的、当时中国最大的综合性体育中心——北京工人体育场。之后为了迎接第26届世界乒乓球锦标赛，又决定在工人体育场西侧兴建北京工人体育馆。

· 工人体育馆外景（工人体育馆供图）

北京工人体育馆从1959年12月开工到1961年2月中旬，用时15个月的时间完成了全部施工，能够容纳观众一万三千人。从此之后，"工体"就成了北京工人体育场和工人体育馆的代名词。

独辟蹊径，与众不同

提起北京工人体育馆，很多年轻人都会想到演唱会。

其实在建设之初，设计师熊明就把此定位为"综合性体育馆"。在完成世乒赛的任务之后，还要承接各类室内活动。而这些项目的顺利开展却有一个前提，那就是场馆内部不能有柱子，所以工人体育馆采用了"轮辐式"的悬索结构。悬索结构距地面高20米，跨度94米，分上下两层，每层各144根悬索。在我国建筑教科书中被称为"工体经典结构"。

工人体育馆的设计者熊明在一次采访中介绍：工人体育馆采用的悬索结构，这个启发来自于1957年比利时布鲁塞尔世界博览会，其中美国馆的屋顶就是悬索结构。悬索结构的技术重点在于铁索的锚头。当时的美国人非常保守，不愿意告诉我们锚头的做法。但是考虑到中国过去是有悬索桥

· 工人体育馆顶部的"轮辐式"悬索结构

· 工人体育馆内的席纹式地板

的，于是熊明等人就去了丰台桥梁厂，和桥梁厂的同志共同研究锚头的做法，最终设计出了工人体育馆的悬索结构。

除了工人体育馆的悬索结构，"无风"的体育馆也是其与众不同的地方。最初这里是为世乒赛而建造的，在空调设计和安装时考虑到乒乓球比赛对于风速的要求，采用了"缓送风快收风式"空调模式，使风在场馆内周边循环，不会吹到中心场。96个送风口及座椅下的7排收风口保障比赛不受干扰。

开幕便是巅峰

1961年4月4日，第26届北京世乒赛在工人体育馆开幕。新落成的体育馆坐满了观众，来自五大洲30多个乒乓球协会的230名选手参加了盛会。周恩来、邓小平等领导同志出席了开幕式。在这届世乒赛上，在工体馆也留下了一个让后人视为传世经典的"十二大板"。中日团体决赛，徐寅生对战日本选手星野。第三局的最后一分，日本选手星野发球后，徐寅生侧身抢攻，连续12大板扣杀星野。现场观众随着徐寅生的每一次扣杀而齐声呐喊。随着徐寅生第12板的扣杀，星野回球出界，21比18，徐寅生战胜了对手，帮助中国乒乓球队第一次捧得了斯韦思林杯。而中国选手凭借三个冠军、四个亚军、八个季军的好成绩，从此确立了中国乒乓球在世界上不可撼动的地位。

从国球圣殿到拳击之坛

21世纪初,工人体育馆作为20世纪50年代的"十大建筑",在经历了半个世纪的洗礼后,已经略显陈旧。中国体育的飞速发展,也让体育场馆建设进入到了一个崭新的阶段。2006年5月26日,工人体育馆接受了建馆以来的最重要的一次"手术"。

体育馆重新进行功能分区,对外墙和屋顶重新翻修,升级排水、配电系统。所有的改造都要基于一个前提,那就是不能破坏体育馆的原貌,并且满足奥运赛事的需要。2007年,"好运北京"国际拳击邀请赛上,工人体育馆2.0版本和观众见面了。筒灯改成了吊灯,玻璃换成了铝合金的双侧玻璃。走进场馆,踩在木质的地板上,看到门上没有改变的镂空装饰,体育馆的常客都在感叹:工人体育馆还是那个熟悉的工人体育馆,只是变得更加现代了。

木地板上的篮球梦

工人体育馆在岁月的更迭中,有很多东西变了,也有很多东西没变。没变的就是建场时使用的木地板,当时工体的地板是席纹式地板。现在各个体育馆都铺设木地板,当初就是从工人体育馆这儿学来的。而在木地板上打篮球时所发出的"擦擦"声,是很多篮球迷都喜欢的声音。

虽然工人体育馆在大多数的时间里不属于篮球,但属于篮球的时刻却都很美好。1997～1999年两个赛季,北京工人体育馆分别成了北京首钢和北京奥神两个篮球俱乐部的主场。

对于全国球迷来说,北京球队的主场在哪里并不重要,他们更加看中的是那个被誉为"篮球之神"的人——迈克尔·乔丹。2004年5月20日,乔丹来工体了。原本没有多少人关心的第二届中国高中男子篮球联赛的决赛,因为乔丹的到来而变得与众不同。无数的球迷提前几个小时来到了体育馆,只为了进到场馆一睹乔丹的风采。或许就在那一天的赛场上,除了场上的球员和他们的家人,大多数人根本不会关心场上的结果,他们只为了等待乔丹的到来。

就在第三节比赛即将结束的时候,技术台突然叫了暂停。这个暂停与比赛无关,只是因为乔丹来了!顿时,全场起立,疯狂呐喊,球迷的狂热达到了顶点。颁奖典礼上更是把气氛推向了高潮,

·工人体育馆内景（工人体育馆供图）

乔丹为冠军和最有价值球员颁奖。

后来有人统计过，乔丹在高中联赛赛场上仅仅看了23分钟。这23分钟成了许多篮球迷在工人体育馆里美好的记忆。

从传统到现代的跨越

工人体育馆建成之初，承办的体育活动较多，文艺演出并不算多。相声演员王文林回忆，60年代初，当时的北京曲艺团为了繁荣文艺，搞了一场化妆相声演出，从小剧场里演到了工人体育馆。当时的体育馆有三面，另外一面拿幕布挡上。当时的演出阵容堪称豪华，有史文惠、陈涌泉二人表演的《两个理发员》，赵振铎、赵世忠、王长友合说的《坐电车》，罗荣寿、李桂山的《资本家与洋车夫》，票价是六毛、八毛和一块钱，这也可以看出当时的经济水平。

在之后的十几年中，场馆里放过电影，组织过文艺演出，但大多并不为人所知。直到1985年4月10日，北京工人体育馆迎来了英国威猛乐队，这支乐队成为第一支来到中国的西方流行乐队。

当时大部分观众的票都是单位发的,很多艺术团体组织一起来观摩。当舞台上的主唱和伴舞随着旋律摇摆时,坐在台下的中国观众不知所措——威猛乐队的到来,彻底颠覆了人们对流行音乐的认知。

1986年5月9日,工人体育馆座无虚席,百名歌星演唱会在工人体育馆写下了浓墨重彩的一笔。韦唯、杭天琪、程琳、付笛声、蔡国庆、常宽等百余位歌手,上身穿红、黄两色的夹克,下身着牛仔裤,唱响了那首《让世界充满爱》。当时初出茅庐的崔健首次演唱了歌曲《一无所有》。连他自己都不知道,这首歌,翻开了中国摇滚音乐崭新的一页。

文化繁荣,工体转型

随着文化市场的不断发展,工人体育馆的活动也日益丰富多彩。演唱会、大型晚会、职工活动,你方唱罢我登场。从1985年的央视春晚到《同一首歌》的录制现场;从迪士尼冰上芭蕾全球巡演到2019年马戏小丑嘉年华;从2012年蔡依林北京演唱会到李云迪跨年钢琴音乐会;从朝阳职工第九套广播体操比赛到北京市职工"和谐杯"乒乓球比赛。多姿多彩的文化活动逐渐在群众中开花结果。

· 工体演唱会舞台上的绚烂灯光（工人体育馆供图）

· 首都职工拔河比赛在工人体育馆举办（工人体育馆供图）

见证 70 年

工人体育馆
WORKERS' GYMNASIUM

升国旗的场景，我一辈子也忘不了

见证人：王顺岭

工人体育馆 59 年的见证人

我是1959年来到的工体。当时工人体育场刚刚建成，要开第一届全运会。从各单位抽人，就把我从机械公司抽到了工体。后来到了1961年，工人体育馆建成，举办了第26届世乒赛，我就在世乒赛之前被分配到了体育馆。

第26届世乒赛，一开始我负责休息厅，打扫卫生，维持秩序。后来到了体育馆的场地部门，负责摆器材一类的工作。在世乒赛开始阶段，场馆里要摆十张球台，那个时候，我们是第一次碰到这么重大的赛事，连球台都不会摆。后来就按照人家的图纸一点一点摸索。

当时世乒赛的场面太壮观了。比赛最多的时候，一天三场，而且场场爆满。那时候票价才几毛钱，就在我们体育馆北门的票房卖票。

我记得当时决赛，徐寅生扣日本队的"十二大板"，观众也特别兴奋。尤其是咱们拿了冠军，对容国团、徐寅生这些队员追捧得不得了。但是我就没有观众那么兴奋，也没找咱中国队员要签名。一来是工作不允许，二来是确实也没想过。当时中国队队员每天都在体育场训练，天天都能见到，他们不把自己当明星，我也不觉得他们是外人。不过最有意思的是，当时拿了冠军，进行颁奖仪式，有一个步骤就是要升国旗，当时工体设备还没那么先进，升国旗还不是电动的，需要手动升上去。升国旗的地方就是现在体育馆内走廊的屋里，绳子从屋里伸出去，里面有人用手拉，但是观众在外面看不见人，只能看到国旗慢慢升起来，当时的场景我这一辈子都忘不了。

中国流行音乐
工体馆初相遇

/

见证人：郭峰

著名音乐人、歌手

当时是1986年，我们第一次在北京工人体育馆举办了百名歌星演唱会《让世界充满爱》。为什么会组织百名歌星演唱会呢？就在前两年的时候，美国组织了60多名歌星演唱《We are the world》，之后台湾又有一个《明天会更好》，聚集了40多名歌星。当时我们就想，干脆凑个整数，看看能不能号召一百名歌星。其实就是一个稀奇古怪的想法，没想到这个想法，真的实现了。直到现在，我都觉得这一次的百名歌星演唱会不仅改变了我的人生，也创造了中国流行音乐的开始。

1986年做这件事情的时候，我还在做幕后，没有做幕前。我当时还不是歌手，主要是创作者，作词、作曲、编曲、指挥、录音、监制全都是我，所以我没有像演员那么兴奋。而且，

过去的流行音乐就是一个地下音乐，不入流，按照那个时候的说法就是小资情调，当时"流行"这两个字都不能叫。因为"流行"这两个字似乎听起来有些别扭，所以"流行歌曲"才被叫做"通俗歌曲"。

那个时候还没有公益歌曲，就连"公益"这个说法都还没有。这一次的演唱会《让世界充满爱》，完全让公益歌曲走进了大家的视野。首先，《让世界充满爱》这几个字很响亮，也很适合当时时代的每一位青年人关心社会、关心世界，关心需要关注的群体的这样一种（社会）氛围。当时还有另外四个词作者，我们五个人一起创作的，每个人写的部分都是不一样的。其实当时整个歌曲都写完了，也不知道到底名字叫什么。当时有一个叫王健的老师，他到最

· 音乐人郭峰接受文艺之声记者采访

后什么词也没写,他就写了这么六个字——"让世界充满爱",就把这六个字作为我们演唱会的主题。其实《让世界充满爱》整首歌曲一共是18分钟,一个序曲加后面三个部分。我们现在常听到的只是第二个部分,"轻轻地捧着你的脸,为你把眼泪擦干……"第一部分是"想起来是那么遥远,仿佛都已是从前……"这个是我们的第一部分。第三部分是一个快板,"你走来,他走来,大家走到一起来……"三个部分完整地加起来才是《让世界充满爱》。

我记得那一次的演出非常成功,但是要全面呈现出来其实并没有那么简单的。现在我们要说做个演出还是比较容易的事情,但当时真的非常难,需要天时、地利、人和。当时这首歌曲很有幸地得到王昆老师的支持,她动用了东方歌舞团的资源,把最美好的一刻呈现在了真正的大舞台——北京工人体育馆,当然首唱也是在这里。同时,在这一次的演唱会上也成就了另外一首歌曲《一无所有》,中国摇滚音乐的先驱就此崛起。

《让世界充满爱》这场演唱会第一次穿上了文化衫。现在这种文化衫到处可见,但是那个时候根本没有。《让世界充满爱》演唱会第一次有了自己的文化衫——大家穿统一的衣服,穿统一的T恤,过去没有的。这也是开创了一个先例。

我还记得，当时大家坐着公交车，骑着自行车就来了。第一次我们聚在工体馆的舞台上的时候，看到有这么多流行歌手的面孔，都很激动，非常激动，唱歌的时候有好多人都流下了眼泪。到今天为止，参与演唱过《让世界充满爱》的歌手现在还留在舞台上的，有大家熟悉的蔡国庆、朱桦、毛阿敏、田震、韦唯，还有崔健。但是他们也不是经常露面了。也就是因为这份对工体馆特殊的感情，之后我把自己的录音棚、工作室都选在了工体馆的旁边。每一次走到工体馆的门口，还是会想起当年在这里每一个朝气蓬勃的年轻人，用歌声诉说着对中国流行音乐的热爱！

惊险的奥运工期隐患排除

见证人：王富田

工体工作人员（已退休）

我是1975年8月到的工人体育场机电科，负责体育场、体育馆的维修。那时候月工资是16元钱。大大小小的会议、演出也没少参与服务。直到奥运会，算是碰到了一件大事。

2008年北京奥运会，我是场馆运行部的副经理。负责设备维修，水、电、空调等等。就在奥运会前夕，北京下了一场特别大的雨。当时还是晚上，我已经开车回家了，走到半路，就有种不太好的感觉，总感觉哪里会出问题。我就和车上的另一位李鹏主任商量，我们决定回体育馆看一看，结果到了体育馆一看，果然出事了。体育馆从二楼开始雨水倒灌，漏水了，估摸着当时的积水已经快有3厘米了。于是，赶紧通知维修工人过来，我们两个人上楼找下水口，先紧急排水。因为如果积水太深了，场馆的设备很有可能会被泡坏。一旦坏了，奥运会比赛都有可能被耽误。

现在我们场馆外面，就从那时候开始，立了一个专门的水管，围着体育馆一圈，隔一段距离就有一根。这样的话，一旦再次碰到排水不畅的情况，我们坐在屋里，看见只要有水从那个水管里流出来，就知道堵了，可以赶紧派人疏通，把会给体育馆造成破坏的隐患给规避掉。不过现在回想一下，多亏当时回来了，要不真是挺危险的。当时场地都装修完了，设备也检查完了，一旦有意外，真的可能会耽误奥运会的进程。

很多人不知道，工人体育馆场馆里的地板是很有故事的。这个地板从有体育馆的那天就存在

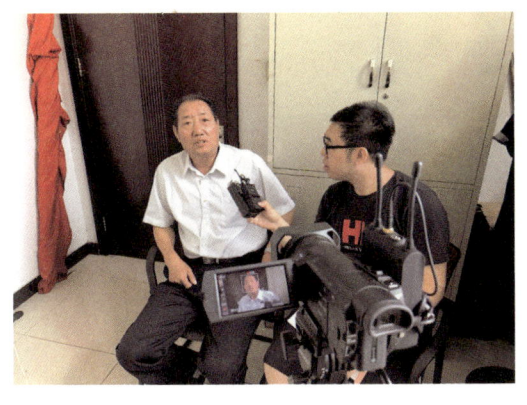
·记者小霍采访王富田

·王富田（右）与时任党委书记邵英男（左）检查工体馆设施

了。工人体育馆的改造，动作相对比较大的有两次：一次是亚运会，一次是奥运会。尤其是奥运会，包括外立面的粉刷、柱子断面的加大、加固，甚至包括门窗、地下室、设备设施全都重新换了，但唯独就没动场馆的地板。亚运会没动，奥运会也没动，到现在也没动过。主要是因为当时亚运会，建工集团作为施工单位看到工体的地板之后，第一反应就是：地板不能换！根据当时的情况，连找到能换这种地板的工人都很难，更换之后可能不如之前的地板。有人提了一个建议，建议找到国家体委，检测一下地板的回弹是否正常，如果没问题，就不要换了。而奥运会呢，是因为工人体育馆承接的是拳击赛事，不会用到木地板，所以能保留就尽量保留了。我们现在脚底下踩的地板，可以说见证了工人体育馆59年来的变化。

明星我见多了

见证人：杨爱荣

工体工作人员（已退休）

我是1979年进的工体。我在工体这些年，就在两个部门工作：一个是场地，一个是看台。在看台的时间很短，主要是负责观众的验票以及演出现场的秩序维持。之后的大部分时间都是在后台，负责演职人员的接待。没有活动的时候就是帮忙协调羽毛球场地和篮球场地的出租。

我刚来工作的那一段时间，是70年代末期到80年代中期，咱们国家当时的文艺市场还不是特好。那时候的工人体育馆，一到了法定的节假日，尤其是春节，就会有文艺演出。一天演三场，从早演到晚，放假多少天就演多少天。不过那时候的演出也很简单，舞台上铺一块红地毯，边上立几个灯，就可以演了。当时这种演出非常多。

我是工体的第二代职工。我的母亲在工体建场时就来了，所以小时候经常跟着父母一起来上班，等于说我是在体育馆长大的。等长大成人了，也算是接了母亲的班，继续在工体工作。刚来的时候，我的想法还特别简单，就是想看节目，看比赛。所以我就去了当时的活动科，专门负责活动、比赛之类的

· 杨爱荣接受采访

工作。甭管是什么大牌的明星，我都可以直接接触。过去的工人体育馆，有四个演员休息室，演员来了之后我就把他们直接送进休息室。我自己想的是挺美，后来发现其实这份工作根本没有时间看演出，因为我要在休息室负责安排演员休息。接触的明星多了，也没觉得见哪个明星有多么兴奋。

由于我要负责演员休息室的工作，所以会和追星的粉丝经常接触。有一次歌迷追星，演员坐在休息室，外面的歌迷就在体育馆门口的台子上站着，有的趴窗户，有的堵在门口。我们不让进，轰也轰不走，甚至还有歌迷骂我们，我们也没办法，只能把窗帘拉上，不让他们往里面看，类似于这样的事经常会有。尤其是有一次，忘了是哪个明星了，有一个追星的小姑娘，大晚上从外地一个人坐火车跑到了北京，关键是家里人也不知道，就站在体育馆门口等喜欢的明星。我就劝她，跟她说小姑娘一个人不安全，让她赶紧找个地方住下。可能也正是由于这样的事情经历得多了，所以真的希望大家能够理智看待明星，体谅一下我们工作人员的辛苦。

邓小平同志主动交来茶水钱

见证人：张艳芳

工体工作人员（已退休）

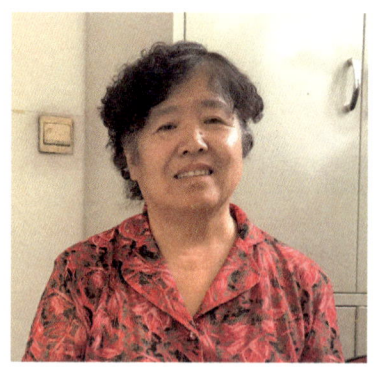

· 张艳芳

我是1971年8月到工体工作的。在工体做了几十年的主席台服务员，后来到体育馆场地部做经理。我们工体跟一般的单位不一样，我们是师父带徒弟。像我16岁参加工作，被分配到主席台工作，就有专门带我的师父。等后来再有新人来了，我再去带新人，所以我们工体有传帮带的传统。

在工作当中，我的工作就是专门负责主席台。除了毛主席，大部分的中央领导人和市里的领导我都接待过，其中印象最深的是邓小平。一般领导人来到主席台坐下，都有茶或者是饮料。结果突然有一天，小平同志派人找到我们，跟我们说一定要把喝茶的茶叶钱交了，不能白喝。当时我就在场，特别吃惊，老人家的高风亮节让我们特别佩服。

我16岁参加工作，在工体干了39年，目睹了工体巨大的变化。比如说一开始，工体只接待体育项目，后来慢慢地开始接待大型的演出，再后来还接待大型的政治活动，到现在就是职工健身和全民健身，开放了羽毛球馆、乒乓球馆等场馆。设备上也有进步，比如说过去，体育馆的中央空调不是特别好用，不太制冷，反正没有达到特别凉爽的效果。有一次，苏联马戏团来体育馆演出，正好赶上体育馆空调不好用，所以场馆里的温度有点高。我们赶紧跑到外边商场去买些折叠扇子，给大家降温。但是你看看现在，凡是走进工体的人，一进来都能感觉到特别凉快。就是这么一个小改变，就能看出工体这些年的变化。

做服务，最重要的是眼睛里要有活儿

见证人：王亚青

工体工作人员（已退休）

· 王亚青

我是1978年10月到工体，一直工作到2014年11月退休。我进场以后就在主席台工作。用老师傅的话说，我们的工作最重要的是眼睛里要有活儿。还记得那会儿我们在主席台干活，相对于其他岗位，可能没有那么忙，也不会有人盯着你有没有干活，但那个时候我们都是从老师傅那里抢活儿干。如果实在找不到活儿了，就把卫生做细致。过去的主席台都是木板的，没事的时候，就拿砂纸使劲蹭。稍微有一点脏的地方，都要蹭干净，蹭完再打蜡，打完再磨，让主席台看起来永远像新的。原来工体馆窗户把手都是铜的，没什么事情的时候，就会擦把手，把把手蹭得亮亮的！其实这些都是老师傅教给我们的——工作要有责任心，要学会没事给自己找事，没活儿给自己找活儿。

1990年亚运会，很多国家的领导人都来了。那时候我们要提前两个小时上岗。当时的安检部门，也要提前两个小时到达现场，带着警犬巡逻一下。等他们安检完，警犬的狗毛就会掉一地，我们就要赶快重新打扫卫生。他们巡逻一圈，我们打扫一圈，只要地上有杂物，我们就要不停地清理。哪怕就是地毯有一点翘，我都要想办法找针线缝上。虽然每场活动，我都在场馆里，但却没看过一场演出。我们会观察嘉宾喝水杯子的角度：如果平着端，就是比较满；如果稍微高一点，那就说明杯子的水只剩半杯了，需要加水了。不要觉得这些是小事，这些小事都是我们的工作。

工人体育馆是咱国家的门面

见证人：罗惠

工人体育馆副书记

· 罗惠

我是1991年3月，亚运会比赛刚刚结束时，来到工人体育场工作的。在体育场工作了六年之后，1996年来到了工人体育馆。今年也该退休了。

让我印象最深的一件事，就是我赶上了百年奥运，我们工体馆承办了奥运会的拳击比赛。我记得当时有好几位到了退休年龄的老师傅们都过来找领导，表示不想退休。大家都觉得百年奥运，这辈子可能也就赶上这么一次，而且比赛场馆还是工作了一辈子的体育馆，所以都想要延长一段工作时间，亲身经历一次，为奥运做一次服务。当时这些老同志表完态，我们都觉得很神圣，老职工的心情和举动，自然会影响到我们，让我们认真细致地办好比赛。

不只是奥运会比赛，在奥运会之前的志愿者誓师大会、口号发布仪式，还有吉祥物发布，也都是在工人体育馆。当时的保密工作做得特别好，就连我们都觉得神秘。我们本来以为工人体育馆的工作人员会有一些优越条件，在吉祥物走台的时候可以偷偷看到，但别看我们是在场馆里工作，也是哪儿哪儿都戒严。最后能偷偷看上一眼，都特别满足。当时五个福娃就在工体的后台，我都不知道是怎么进来的。活动一开始的时候，我还找这些吉祥物呢，结果突然就走到舞台上去了，因为我的岗位不在那儿，所以不能来回串岗。后来听在那个岗位的同事讲，这五个福娃是怎么来去，怎么充气，话里话外都透着自豪！虽然我没有完全目睹，但是当时宣布"五福娃"的时候，感觉我们的国家真的强大了，我们中国也有能力办奥运了。亚运，我没赶上。奥运，我可赶上了！

·工人体育馆群众活动

奥运辉煌的背后,其实有我们所有工体员工的默默付出。因为奥运会,场馆要在2006年进行一次整修。整修就意味着,全体职工要半年没有地方工作。领导都不知道怎么和体育馆的员工交代,觉得这样的动员工作会出现阻力。没想到的是,我们工体职工特别有奉献精神和责任心,所有人都很理解。大家知道奥运会是在咱们国家开,体育馆是门面。如果工体不好看的话,我们内心是更加不能接受的。所以跟领导们表态:这种思想工作不需要操心,让我们回家,我们就回家。等我们回来的时候,就能看到一个全新的工体了。我们要给全世界呈现一个最好最干净的工体!

在奥运会比赛结束之后,工体也在慢慢改变,体育赛事相对来说比较少了。主要在两方面,一个是少量的商业演出活动。在2008年改造之后,工体的音响设备变得更加现代化,再加上体育馆本身是圆形的建筑结构,所以声场效果在北京众多场馆中也算是数一数二的。如果站到场馆的中心点,用我们普通说话的音量去试验一下,就会发现声音放大的效果还是特别明显的,那个立体声效果好极了!当然工体馆也有自己劣势,就是出票不如其他新的场馆,即使坐满了也就1万多人。如果是想享受声音带来的艺术感,工体馆是非常好的。比如说李云迪的跨年演奏会。他特别喜欢把自己的钢琴放在场馆的中心位置,观众坐四面台,这样的声音感受是最佳的。张信哲的演唱会也是这样,观众四面台,自己要在场馆的中心点上唱歌。还有小野丽莎的演唱会,每年都在工体,现在已经是一个品牌了。所以工体的音响效果很适合欣赏音乐。

除了一小部分的商业活动之外。现在的工体馆大部分时间都是在做公益活动。比如咱们场地里正在搞的羽毛球活动,服务所有的首都职工。只要你有京卡,都可以来免费打球。而且这个活动从2008年开始直到现在,我们每年都在做,已经坚持十年左右了。我们馆可以说从早上九点到晚上九点,一直在免费搞活动,包括北京市的行业工会、区工会和单位的工会,只要有需求,想要做一些职工的体育活动、健身活动等等,我们都会安排场地,甚至有的时候是免费提供的。

邓亚萍在我眼前秀恩爱

见证人：叶小平

国际乒乓球裁判

· 叶小平

今年我已经72岁了，对乒乓球有着特有的感情，对北京工人体育馆也有着独特的情感。做乒乓球裁判近40年，北京工人体育馆与我的乒乓球裁判职业有着很密切的关系，这种情结也让我回想起很多过去的故事。

1960年，我还在读小学就很喜欢乒乓球。当时北京通县组织了一个以学生为主的乒乓球集训队，我是集训队里最小的运动员。1980年，我参加北京市朝阳区组织的一个乒乓球裁判学习班，因为喜欢乒乓球所以学得很认真，考试考了第一名，直接获得了二级裁判证书。直到1982年——那是我第一次与北京工人体育馆结缘，我以二级裁判员的身份参加了在北京工人体育馆举办的北京市第八届运动会乒乓球比赛。那个时候还是年轻小裁判，没什么太多的经验，也正是通过这次做裁判的经历，锻炼了自己参加大赛的经验，也提高了自己的业务水平。那个时候觉得这个场馆很大很气派，能在这样的场馆做裁判是一件特别兴奋、特别光荣的事情。虽然现在看北京工人体育馆显得有点小了，但是依然坚持用地板的比赛场地只

· 工人体育馆内进行的"和谐杯"乒乓球比赛

有北京工人体育馆了,其他的比赛场地大部分都是地胶的了。

在北京工人体育馆我还参与裁判了国家大赛和国际比赛。1993年我以国家级裁判员的身份参加了第七届全运会乒乓球比赛裁判工作,1994年在北京工人体育馆又参加了远东及南太平洋地区残疾人乒乓球比赛。这两场比赛,让我与北京工人体育馆再次结缘。我还记得,应该就是在第七届全运会乒乓球比赛的现场,还有一个小插曲。我们都在看比赛,那时候邓亚萍已经是乒乓球名将了,很多观众都很喜欢她,都纷纷想请她签字留念。但当时邓亚萍正和她现在的先生林志刚处在热恋中,林志刚也是一名优秀的乒乓球运动员,他正在打比赛,邓亚萍在场外也很关心林志刚的比赛结果,很认真地在观看林志刚比赛打出的每一个球。这时候很多观众想请邓亚萍签字,她当时就摆摆手说不着急,等比赛结束后再给你们签。从这我们也看出邓亚萍与先生林志刚的恩爱关系,同时也可以看出邓亚萍对乒乓球的热爱和关注。

2002年,我第四次走进北京工人体育馆,是为了在这里举行的北京市第八届职工运动会乒乓球比赛。这次我以国际级裁判的资格被聘请,担任了比赛的仲裁工作。2019年5月又来到北京工人体育馆,担任了2019年北京市职工"和谐杯"乒乓球比赛的裁判长。时隔17年后故地重游,感慨万千。

北京工人体育馆最开始是为了世界大赛而建的。由于现在形势的飞速发展,大的比赛场馆很多了,选择性也更多了。而且,现在提倡全民健身,各行各业的比赛,群众性的活动,都会在这里进行,工体馆得到了充分的利用。作为一名乒乓球老裁判,北京工人体育馆是我成长的摇篮,也是见证我成长的标志。我有责任去培养新人,把乒乓球裁判工作做得更好,也希望与北京工人体育馆的缘分一直延续下去。

大事年表

1986
5月9日，工人体育馆举办百名歌星演唱会《让世界充满爱》。同时，崔健演唱的歌曲《一无所有》开启了中国摇滚音乐的时代。

1985
4月10日，英国威猛乐队在工人体育馆举行演唱会。这是外国乐队首次在中国举办演唱会，也是中国观众第一次现场接触到摇滚音乐。

1962
中国男篮在工人体育馆迎战欧洲篮球霸主苏联苏军中央之家队，最终中国男篮以5分胜出。

1961
4月4日，第26届北京世乒赛开幕。周恩来、邓小平等领导同志和国际乒联的官员们出席了开幕式。本届赛事，中国军团共获三个冠军、四个亚军、八个季军。

1990
亚运会，工人体育馆承办乒乓球比赛。邓亚萍获得女团、女单、混双三个冠军，世界女子乒坛的"邓亚萍时代"拉开大幕。

1997~1999
分别成为北京首钢和北京奥神两个篮球俱乐部的主场。

2005
6月28日，第二十九届奥林匹克口号"同一个世界，同一个梦想"（One world, One dream）发布仪式在工人体育馆举行。

11月11日，第二十九届奥林匹克运动会吉祥物发布仪式在工人体育馆举行。"中国五福娃"贝贝、晶晶、欢欢、迎迎、妮妮和全世界见面。

2008
5月4日"微笑北京，志愿奥运——北京奥运会、残奥会志愿者誓师大会"在北京工人体育馆举行。

北京工人体育馆承办2008年北京奥运会的拳击比赛和残奥会盲人柔道比赛项目。

2014

2月1日-6日，工人体育馆举办工体新春嘉年华。上演儿童剧《白雪公主与七个小矮人》，以及老玩具展、国货精品展、创意市集、民俗游戏、迷你海底世界等展览和主题活动。

2018

8月11日，为期八天的"王者荣耀杯冠军杯国际邀请赛"在北京工人体育馆圆满结束。QGhappy荣获首个王者荣耀冠军杯总冠军。

2019

4月27日，北京市第八届拔河比赛暨2019首都职工拔河比赛在工人体育馆举行。

记者手记

通过北京市职工体育服务中心接触到了罗惠、王亚青、王顺岭等新老职工，这才发现工人出身的他们和平时的采访对象截然不同。你问他们工体发生的故事，他们会告诉你："没有故事，都是小事。"你问他们见过哪些明星，他们会告诉你："没有明星，也从不激动。"本以为这次采访会以失败而告终，深入交流却发现，他们会对自己的工作情有独钟，侃侃而谈。如何收拾卫生，如何接待嘉宾，如何维护场地……这些看似微小而又十分重要的细节，他们如数家珍，说得头头是道。

采访结束，才真正懂得——工人体育馆里发生的"小事"，就是工人的"大事"。而我们认为的"大事"，却正是他们的"小事"。场馆里的每一个人都在自己的岗位上兢兢业业做好属于自己的"小事"，涓涓细流汇成汪洋大海，如此也就完成了我们眼中的"大事"。或许这才是工人体育馆真正的根基！

图书在版编目（CIP）数据

新中国文化生活记忆 / 中央人民广播电台文艺之声编著. —北京：中国轻工业出版社，2019.10
ISBN 978-7-5184-2673-7

Ⅰ.①新… Ⅱ.①中… Ⅲ.①社会主义-文化事业-建设-中国 Ⅳ.①G12

中国版本图书馆CIP数据核字（2019）第203829号

责任编辑：翦　鑫　　　责任终审：李克力　　封面设计：王超男
策划编辑：刘忠波　翦　鑫　责任监印：张京华　　版式设计：锋尚设计

出版发行：中国轻工业出版社（北京东长安街6号，邮编：100740）
联合出版：北京燕山出版社有限公司（北京市丰台区东铁营苇子坑路138号
　　　　　邮编：100078）
印　　刷：北京富诚彩色印刷有限公司
经　　销：各地新华书店
版　　次：2019年10月第1版第1次印刷
开　　本：787×1092　1/16　印张：16
字　　数：230千字
书　　号：ISBN 978-7-5184-2673-7　定价：88.00元
邮购电话：010-65241695
发行电话：010-85119835　传真：010-85113293
网　　址：http://www.chlip.com.cn
Email：club@chlip.com.cn
如发现图书残缺请与我社邮购部联系调换
191074W2X101ZBW